U0639303

◎ 左百瑶　著

否定之谜：
特殊否定的生成及使用研究

青　年　学　术　著　作　出　版　基　金

华东师范大学出版社
·上海·

图书在版编目（CIP）数据

否定之谜：特殊否定的生成及使用研究 / 左百瑶著.
—上海：华东师范大学出版社，2023
青年学术著作出版基金
ISBN 978-7-5760-4481-2

Ⅰ.①否… Ⅱ.①左… Ⅲ.①否定（语法）-研究
Ⅳ.①H043

中国国家版本馆 CIP 数据核字（2023）第 243614 号

否定之谜：　特殊否定的生成及使用研究

著　　者　左百瑶
组稿编辑　孔繁荣
责任编辑　李贵莲
责任校对　张佳妮　时东明
装帧设计　郝　钰

出版发行　华东师范大学出版社
社　　址　上海市中山北路 3663 号　邮编 200062
网　　址　www.ecnupress.com.cn
电　　话　021-60821666　行政传真 021-62572105
客服电话　021-62865537　门市（邮购）电话 021-62869887
地　　址　上海市中山北路 3663 号华东师范大学校内先锋路口
网　　店　http://hdsdcbs.tmall.com

印 刷 者　上海新华印刷有限公司
开　　本　787 毫米×1092 毫米　1/16
印　　张　11.75
字　　数　176 千字
版　　次　2024 年 3 月第 1 版
印　　次　2025 年 5 月第 2 次
书　　号　ISBN 978-7-5760-4481-2
定　　价　39.00 元

出 版 人　王　焰

（如发现本版图书有印订质量问题，请寄回本社客服中心调换或电话 021-62865537 联系）

否定不止逻辑上的真假值转换，还承载着各种语用和交际功能。本书将不以改变真值为目的，且具有某种语用功能、充当语用策略的否定结构称为"特殊否定"。特殊否定既能反映人的普遍认知能力，也能体现一门语言的语法特征和社会文化背景，在语用、认知和社会语言学领域具有很大的研究价值。

针对特殊否定现象的研究范围广、语料多、新观点层出不穷。但是，已有研究在提供有益借鉴的同时，也存在一些问题。其中比较突出的问题是，不同地域的研究不仅使用了不同语种的语料，也侧重于不同的研究问题、采取不同的研究视角，而现有的类型学研究虽参考了多语语料，却很少将多地区的研究思路融会贯通。此外，关于特殊否定的研究多以语言本体研究为主，较少结合跨学科知识，分析社会现象，探讨现实问题。

本研究考虑了上述问题，不仅结合汉语和外语语料，更结合汉语研究与国外研究的视角和思路，以期实现对特殊否定现象更加全面的观察和剖析。同时，本研究也尝试从最新的"超语用"视角，探讨传播学、教育学、心理学等相关问题，旨在探寻不局限于否定本体研究的新路径。

撰写本书之前，我已经进行了多年的特殊否定本体研究，其中不乏中法、中英对比研究。但是，我的前期研究还是以分析汉语特殊否定为主，详细描写各类汉语特殊否定现象，介绍和分析汉语界的观点，并从新的角度对特殊否定进行认知语用分析。此方向研究成果多用外语撰写，旨在帮助国外学界了解汉语特殊否定以及汉语界的研究成果。在我看来，国外学界乐于听到汉语界的声音，无论是汉语母语者对否定现象的描述，还是中国学者的分析视角和方法，都引起了学界的关注。2020 年，我关于汉语特殊否定的法文专著由兰培德（Peter Lang）国际学术出版集团出版，其出版获得了瑞士国家科学基金 OA 出版项目资助以及日内瓦大学优秀专著出版资助。

汉语学界也一直关注西方研究。多语对比研究以及结合汉语特点与西方前沿理论的分析尤其受到关注。正如沈家煊先生所倡导的，"中国的语言学家应当把汉语放到世界语言变异的大背景上来考察，既要克服只从汉语看汉语的狭隘性，又要注意不受'印欧语眼光'的束缚"（沈家煊，2012：2）。2019年，我在认知语用的理论框架下，对特殊否定的情感功能进行了多语对比分析，项目"法、德、英、汉否定结构情感功能的认知语用研究"获得了第65批中国博士后科学基金资助。

在前期研究的基础上，本书结合新文科背景，从跨学科的角度探讨了特殊否定的功能和使用，具有以下理论和实践价值：

● 多语种、多现象、多角度结合：通过跨语言对比找出相关否定现象的共性和差异，避免单语分析中出现的混淆共性和个性的问题；通过整合分析多类特殊否定现象，找出其深层联系和区别，弥补单一现象研究中出现的以偏概全、归类错误或混乱的问题。通过对比分析国内研究和西方研究的思路，全方位解析否定现象，深入探索其生成机制与语用功能。

● 特殊否定本体研究与前沿的超语用视角结合：从对特殊否定的语用分析出发，解析超越语言本身的问题，对探索否定研究的跨学科路径有推动作用。

● 认知语用分析与类型学研究结合：一方面，认知和语用分析可解释特殊否定在不同语言中的形式特征，为类型学研究提供丰富来源；另一方面，类型学证据和共性规律也可为认知语用假设提供更多的依据和支持。

● 借由否定研究探析社会问题：基于对特殊否定的分析，探讨了新闻传播、高等教育、心理咨询等领域的问题，为理解社会问题提供了新的思路，符合新文科背景下以问题为导向的原则。

本书以三大类的特殊否定为研究对象：否定标记无否定义的结构（包括赘余否定和感叹否定），有否定义但不改变命题真值的结构（包括元语言否定和元概念否定）和多个否定标记共现的结构（即双重否定和超否定，后者包括否定一致、延续否定等）。主要研究问题包括三个方面：一是三类特殊否定的生成机制，二是各类特殊否定的语用功能，三是特殊否定在具体社会文化语境中的使用。针对生成机制，本书首先基于多语语料的对比，分析了三类特殊否定的跨语言共性及其在某些语言中的个性。在排除了由句法、词汇、发音规则造成的个性后，本书进一步从认知机制和语用驱动的角度分析了特殊否定的普遍生成规律，并在此基础上论证了汉语的一些规约化结构实质上具有特殊否定的性质。基于对生成机制的分析，本书分别讨论了每种特殊否定结构语用功能的由来，并结合实际案例，介绍了各类特殊否定在交际中的使用及作用。最后，基于超语用的研究视角，本书也借由对特殊否定的语用分析，解析了一些社会和心理问题。

需要特别指出的是，本书大量引用了外国学者的文献，考虑到这些外国学者的名字大部分未曾被翻译成中文，直接使用他们原始的外文名字，可更好地确保文内引用和原始文献的对应匹配，也可大大地降低阅读难度，故未逐条将它们硬译为中文，特此说明。

本书共分为七章，第一章为导论，第二章至第五章分析各类特殊否定的生成机制及语用功能，第六章从超语用角度讨论了与元表征否定、预设否定及双重否定相关的跨学科问题，第七章为结语。本书初步尝试了否定本体研究的内部语用学路径与纳入社会文化语境的外部语用学路径之结合，希望能够引起更多的关于否定研究新路径的讨论。

作　者

2023 年 9 月 12 日

1.1 否定研究的语用与认知转向

否定是五大基本逻辑联结词之一，一直以来都是语义学关注的对象。20 世纪初，随着语用学的兴起，否定被纳入了语用学的研究视野。或者，我们更应该说，否定在具体使用中呈现出的复杂性超出了句法学、语义学的解释范围，因而呼唤语用学的加入。以预设否定为例，命题逻辑在处理"法国国王不是秃子，因为法国没有国王"这类否定的真假值时遇到了难题，如果"法国没有国王"，"法国国王不是秃子"这一命题是真还是假呢？在人们习惯于将语义学无法解释的现象抛给语用学的时代，语用学领域开始了对否定的探索，并逐步深入地揭示了隐藏在单纯的真假值转换之后的否定的复杂性。

语用学领域对否定的研究主要集中在对具体否定现象的分析，也有透过现象对否定本质的探索。前者包括对元语言否定、赘余否定、否定提升、双重否定、否定词汇项空缺、否定辖域等问题的研究；后者主要讨论否定的单一性或歧义性、否定的分类等。不同于传统语义学或句法学的分析，针对否定现象的语用研究不局限于讨论否定的真假值，也不关注句法转换规则，而是在一定语境下分析否定的语用功能，并从语言使用的角度分析其产生和理解的机制。

比如，如果"法国国王不是秃子，因为法国没有国王"这一命题为真，"法国国王不是秃子"为真吗？其对应的肯定命题"法国国王是秃子"又是真还是假呢？Horn（1985）提出，包括"预设否定"在内的一部分否定无关真假，属于元语言否定。元语言否定可以归纳为"我反对 U"，其中 U 是一个具有语言形式的话语（Utterance）；"元语言否定是对先行话语的拒绝——包括它的规约含义或会话含义，它的拼写、风格和语域，或者是语音形式"（Horn，1985；

121)。可见，包括预设否定在内的元语言否定是不涉及真假值的，它们是说话者出于一定的语用目的对语言本身进行的反驳，而不是对客观世界的描述。Horn 的观点虽然对后续研究影响深远，但也遭到了很多来自语用和认知角度的质疑，我们将在本书第四章对元语言否定相关研究以及否定的歧义问题做详细介绍。

除了取消预设的否定，日常交流中出现频率更高的双重否定也体现出了从语义到语用的研究路径之转变。从逻辑语义的角度来看，双重否定¬¬P的真值等于 P。然而，在语言的实际使用中，¬¬P 在语力和情感色彩上常常不完全等同于 P，如下面几例所示：

(1) a. 地球上的生命源于外星球，也不是没有可能。

    b. 这次出差很重要，非去不可。

    c. 我们在使用这些材料研究原始社会的历史时，对之是不能不予以注意的。

    d. 官大也不一定是走资派，官小也不一定不是走资派。(CCL)①

(1a) 中双重否定"不是没有可能"的语力比"有可能"要低，而 (1b) 中"非去不可"的语力却比"可去"要强，体现出了说话者的决心或命令的强制性。(1c) 则既可看作对已有观点"能够不予以注意"加以反驳，又可看作对"予以注意"的强调。正是双重否定的语力调节作用，使得人们选择使用双重否定，而非其对应的肯定形式。双重否定还能产生肯定形式没有的"修辞效果"，如 (1d) 后半句中的"不一定不是"就是为了与前一句的语言形式"不一定是"相呼应，使整个句子的对比更加突显。可见，语义学只能指出双重否定的真值与其肯定形式一致，至于双重否定在语言交际中的功能、使用双重否定的交际目的，还需交由语用学来解释。

语用学对否定的语用功能、交际功能进行了分析，而随后兴起的认知语言

---

① 本研究例句来自北京大学中国语言学研究中心 CCL 语料库、已发表的文章或专著、网络语料和自撰例句。为减轻阅读负担，后两类未标注例句来源。

学则关注到了否定的特殊结构或用法，着力于分析它们的生成机制。比如，一些认知研究认为赘余否定（即否定标记在句子中无否定义的结构）的产生基于正反两个概念表达式的叠加整合（沈家煊，1999；江蓝生，2008；Zuo，2020），如"差点没病倒"是"差点病倒"和"没病倒"的叠加整合。什么样的词会引发概念表达上的叠加整合呢？沈家煊（1999），袁毓林（2012）和 Zuo（2020）等指出，正反结构混同的原因是否定义在肯定表达中的突显地位，如"没病倒"是"差点病倒"的蕴涵义，是句子固有的、稳定不变的意义成分（沈家煊，1999；Moeschler，2012）。换言之，从认知上来说，否定义的突显容易干扰言者的表达，从而导致正反两种表达整合形成赘余否定结构。

再看前文提到的元语言否定，已有研究尝试了从认知语言学的角度来解释否定的元语言用法。比如，Fillmore（1977）认为我们可以用不同的语义框架来构建同一种情形，对这种情形的解读会因为语义框架的不同而不同。如下例：

(2) a. 老王不吝啬，他很慷慨。

b. 老王不是吝啬，是很节约。

（Zuo，2020：106）

(2a) 采用的是"吝啬—慷慨"的语义框架，它指出在这一框架内选择"吝啬"是错误的。相反，(2b) 作为元语言否定拒绝的是采用"吝啬—慷慨"的语义框架，进而提出应该在"浪费—节约"的语义框架内讨论老王的特征。Marmaridou（2000）也接受语义框架理论的观点，她认为"法国国王不是秃子，因为法国没有国王"这一预设否定拒绝使用"是秃子/不是秃子"这一理想认知模式（即 ICM，idealized cognitive models，参见 Lakoff，1987），因为这一模式不符合法国没有国王的事实。

简言之，语用学关注否定结构的语用功能、使用动机，认知语言学关注其生成和理解的认知机制。在研究具有交际功能的特殊否定结构时，语用学和认知语言学的合作得到了体现。接下来，我们将介绍一些具有语用功能的否定结构，并简要阐释语用学和认知语言学在解释其生成和功能上的分工与合作。

1.2　否定的语用功能：生成机制和具体应用

随着语用研究的深入，学术界越来越多地关注到了否定结构丰富的语用和交际功能。然而，这些功能从何而来，具有这些功能的否定结构又是如何生成的呢？这是认知语言学感兴趣的话题。正是基于上述两方面的考量，本研究采用了语用和认知的视角，选取了一系列具有交际目的和语用功能的否定结构，重点关注它们表明主观态度、强化情感表达、缓解人际冲突等语用功能的由来。本研究聚焦的否定结构可大致分为以下三类。

（一）否定标记无否定含义的结构

赘余否定：否定标记在句子中无否定义的结构。如："难免不……"，"否认没……"，"Il ne faut pas que … （ne）"（法语：差点（没）），"bevor … （nicht）"（德语：（没）……以前）。

感叹否定：感叹表达中的否定标记无否定义。如："他的口语不要太地道！""好不热闹！""How often have I not watched him!""Wie groß sie （nicht） ist!"（德语：她好（不）高啊！）

（二）有否定义但不改变真值的结构

元语言否定：对已有表征语言形式的否定。如"我不做生意，我玩生意"，"They're not mongeese, but mongooses"，"Il n'a pas arrêté de fumer, parce qu'il ne fume jamais"（法语：他没有戒烟，因为他从来不抽烟），"Das ist nicht wahrscheinich, sondern sicher"（德语：不是有可能，而是确定）。

元概念否定：对已有表征语言内容的否定。常见形式为"Not A, but B"，"不是 A，而是 B"；规约化用法如汉语的"不是我批评你"，"不是我自夸"。

（三）多个否定标记共现的结构

双重否定：两个否定标记共现表示肯定义。如"非去不可"，"He never helps me without trying to take advantage of me"，"Il n'est pas impossible que …"（法语：不是没有可能……），"Ich bin nicht unglücklich"（德语：我不是不高兴）。

超否定：多个否定标记在句（或词）中共现强化否定义，具体包括以下三个分类。

● 否定一致：句子否定标记与否定词（N-word①）共现表示否定义。如"I can't get no satisfaction"，"Personne n'a rien dit"（法语：谁也没说什么）。

● 延续否定："这样不行，真的不行。""Not that I know of, it isn't."

● 词内双重否定：unmatchless, unhelpless。

三类否定结构都具有一定的语用和交际功能，比如表达主观态度、加强情感色彩，减少潜在的负面情绪等。如汉语"差点（没）……"相较于"差点……"强调了言者对某事的主观态度，如遗憾、后怕、惊讶等。法语的否定一致结构"Personne n'a rien dit"（谁也没说什么）使用多个否定标记，包括句子否定标记 personne ne 和否定不定代词 rien，表现了言者对"没有人发表意见"这一事实的强调。德语感叹否定"Wie groß sie（nicht）ist!"（她好（不）高啊！）强化了言者惊叹的心情。除了表达态度和增强情感表达外，特殊否定还具有降低语力、减少负面情绪的功能。如"不是我批评你，你也太粗心了"中的"不是 S + V + NP"结构常被用来缓解听者的抵触情绪，双重否定"Il n'est pas maladroit"（法语：他不愚钝）往往也暗指"Il n'est pas intelligent"（法语：他不聪明），但这种委婉表达的负面评价可减少冒犯，在一定程度上避免交际冲突。

特殊否定用法的语用和交际功能带来了两个方向的研究问题，一是这些语用功能从何而来，二是它们如何在具体语境中被使用。首先看第一个问题：否定结构为什么会具备各种语用功能？或者，反过来说，为什么语用功能能够借助否定标记来实现？只有了解了某一否定结构的生成机制，才能对它所承载的语用功能做出解释。上文提到，双重否定既可以缓和语气，也可以加强语气：如"我不建议你不做回应"比"我建议你回应"语力更缓。相反，"不得不去"，"不能不去"等双重否定形式比"得去"和"能去"的语力更强，其原因正是双重否定具有多种生成机制，我们将在第五章专门讨论各类双重否定的机制与功能的对应。又如，汉语"不是 S + V + NP"结构常被用于减少负面情感反应，虽然此结构与其他语言中的一些类似表达已经被规约化，成为了一个固定的元语用策略（Ran, 2013），它的生成机制仍然有迹可循。而且，正是从它的生成机制着眼，我们才能够解释"不是 S + V + NP"结构的语用功能源于何处，在

---

① 与句子否定标记同时出现，表示单一逻辑否定的词，如法语的 rien，aucun 等；详见第五章。

具体使用中承载着怎样的交际预期，这种预期又能否在特定语境中得以实现。本书第二至第五章将专门讨论各类特殊否定的生成机制与语用功能的关系。

上节中提到，否定结构的生成机制是认知语言学的研究对象。实际上，分析上述特殊否定的生成不能脱离语用学的理论支持。究其原因，一是生成机制和交际功能有着密切的联系，有的否定结构正是受到语用驱动，或由于交际的需要，才得以产生或规约化为固定的表达，而不同的生成机制又使形式相似的否定结构有不同的交际功能。二是认知语言学的某些概念界定比较模糊，从认知角度做出的解释容易显得抽象，常常受到"靠直觉分析问题"的诟病，而更加系统的语用论证可以为认知语言学的解释提供支撑。比如前文提到的，认知语言学的分析指出赘余否定是正反表达的整合，而语用学则进一步论证了否定义在多个"意义层次"中的突显地位是表达易受干扰的原因（袁毓林，2012；Zuo，2020）。

再来看特殊否定语用功能的第二条研究路径，即分析人们如何利用否定来达到特定的交际目的。与第一条路径相比，第二条路径出现较晚，已有研究的数量相对较少，但它们涉及的语用问题还是呈现出了多样性。比如，基于英国和罗马尼亚的政治话语自建语料库，Albu（2012a，2012b，2017）指出政客常利用"元表征否定"的"Not X, but Y"结构来否认公众对他们的负面看法，塑造正面的自我形象。与礼貌研究相结合，周凌、张绍杰（2022）通过离线实验证明了汉语反问句、隐性否定句和显性否定句虽然具有相似的否定义，其礼貌性却呈现出从最弱到最强的趋势。与前人假定的"越间接越礼貌，越直接越不礼貌"相反，他们的实验证明了显性否定比隐性否定和反问句更礼貌。与古汉语经典结合，霍四通（2022）从言语行为角度对儒道释经中的否定进行了分类，并在此基础上分析了否定句承载的文化和哲学意蕴。他提出，从功能来看，《论语》多用禁止否定，这与儒家重视社会行为规范相关，《老子》多用倡导否定，与"道"的核心概念相关，而《金刚经》中的否定实际上是"话语"否定，否定语言符号的能指和所指间的关系，是文化积淀的产物。与社会语言学结合，Moeschler（2020a，2020b，2021）从超语用的角度分析了2015年巴黎讽刺杂志《查理周刊》总部遇袭后出现的两个口号"我是查理"和"我不是查理"，指出二者虽然在明示层面上语义相反，其隐含义却并不处于正反对立的状态。Moeschler将"我不是查理"看作"我是查理"的元语言否定，即"我拒绝说出'我是查理'这句话"。结合社会文化背景，他认为喊出"我不是查理"这一口号的人没有提供更正性或解释性语句，原因是他们的理由不能被法国社会的普遍价值观所接受。

上述研究均将否定的语用功能与不同研究领域的问题进行了结合，展示出了社会文化生活中，人们出于不同的交际目的对特殊否定的灵活运用。这种研究路径结合了否定的本体研究和对否定实际使用的分析，拓宽了否定研究的范围，本书第六章也将遵循这一路径，通过对特殊否定的讨论来理解和分析社会问题。

综上所述，语用学和认知语言学的理论和方法在特殊否定生成机制中的分工与合作体现出了二者自身的发展轨迹。语用学和认知语言学在差不多同一时间诞生，但语用学最初侧重的是语言的规约性用法，而认知语言学则对大脑的运作机制更感兴趣。如今，虽然语用学和认知语言学都关注语言的使用，以及言者和听者在交际中扮演的角色，但它们的侧重点仍然不尽相同：语用学倾向于找出语言使用和理解的客观规律，认知语言学则致力于阐释大脑如何运作、人类的认知能力如何体现在语言使用上（Fauconnier & Turner，2003）。本研究对特殊否定功能的研究既关注否定结构在语言使用中形成的规约性用法和功能，也关注否定用法产生的认知机制，并且认为对生成机制的认知解释无法完全脱离语用学的理论支撑，因此，我们将在语用和认知的双重框架内去探讨否定结构的生成机制和语用功能。这一理论框架的选择也使我们得以依赖人类认知的共性，借助多语对比的分析方法。接下来，我们将简要介绍多语对比在探讨特殊否定的生成和功能中的可行性和作用。

1.3 特殊否定的多语对比研究

通过多语对比研究特殊否定在国际上已成为一大趋势，究其原因，主要有以下几个方面：首先，基于人类认知的共性，不同语言中存在相似的否定结构或用法，它们在语言形式和语用功能上存在很多的共同点，为多语对比分析提供了可行性。第二，对不同语言中相似的特殊否定进行对比分析，可避免单语分析中出现的混淆共性和个性的问题，有助于探索一门语言中规约化的否定表达的本质。第三，相似的否定结构在不同语言中存在语言形式或语用功能上的差异。多语对比可以识别由一门语言特有的句法、词汇或发音规则造成的形式或功能差异。前人的研究已经在上述三个方面进行了探索。

首先，以赘余否定、双重否定和超否定为例，由于认知共性的影响，我们可以在差异很大的语言中找到赘余否定和超否定结构。丰富的多语语料为否定结构生成机制的研究提供了便利，例如，Makri（2013），Zovko Dinković & Ilc（2017）等的研究从跨语言角度分析了多种不同语系的语言中存在的赘余否定现象，利用多语对比分析对已有研究的判断标准进行了质疑。Horn（2009，2010）分析了多种语言的超否定（hyper-negation）和赘余否定，认为超否定是有意识地使用多个否定标记来强调否定义，而赘余否定则是肯定与否定表达在认知上的混合。Puskás（2012）分析了意大利语、英语和法语中的双重否定和否定一致，提出双重否定本质上是元语言否定的结论。Van der Auwera & Van Alsenoy（2016，2018）对否定一致作了类型学研究，认为虽然否定一致变体很多，但总体上分为严格和不严格两类。

其次，多语对比的一大优势是能够分析否定结构在形式或功能上的特征是某种语言的特性，还是不同语言的类似结构具有的共性，而区分个性和共性有助于探索否定结构的生成机制。比如，赵旻燕（2011）指出汉语、韩语、阿拉伯语和希腊语中所谓的元语言否定标记实际上都不是专门用于元语言否定的，不能说明这些语言中存在两种不同的否定标记来区分"一般否定"和"元语言否定"。这一研究表明，汉语、韩语、阿拉伯语和希腊语中为了实现元语言否定解读而使用的特殊语法形式是基于各自语言系统（特别是句法系统）而做出的特定调整，属于四种语言的个性，不能得出"一部分自然语言有专门的元语言否定标记"这一具有共性的结论。

此外，相似的否定结构在不同语言中存在语言形式或语用功能上的差异，探究其产生的原因有助于排除由句法和发音特征带来的差异，专注于促成特殊否定生成的认知因素。比如，汉语的"避免……不"和法语的"empêcher que ... ne ..."（避免……不）都是在触发词"避免/empêcher"后面使用赘余否定。但是，汉语的"避免"后并非所有谓词都可以用赘余否定"不"，比如"避免出行不方便"里的"不"就不能解读为赘余否定，而法语 empêcher que 后面的 ne 在任何情况下都是赘余否定。又如，汉语"怀疑"和"否认"后面可能出现赘余否定"不",而法语却是 *ne pas douter*（不怀疑）和 *ne pas nier*（不否认）或者疑问句（如 *doutez-vous* ...（是否怀疑）/ *niez-vous* ...（是不是否认)）后才可以出现赘余否定标记 *ne*。这两种汉法差异的形成原因并不相同：第一种源于句法特性，第二种归于词义差异（Zuo，2018，2020）。借助多语对比的手段可以排除非认知因素，进而完善对特殊否定用法生成机制的推导（详见第二章）。

针对否定的多语对比研究虽然取得了丰硕成果，但仍然存在一些问题：一方面，国际上针对否定用法的多语对比研究较少纳入汉语语料，因此得出的结论往往并不适用于汉语。比如，一些类型学研究认为赘余否定只能与虚拟语气共现，或只出现在有"否定一致"现象的语言中（Makri，2013；Zovko Dinković & Ilc，2017）。这些特征显然与汉语不符：汉语没有虚拟语气，也不是否定一致语言（详见第五章），但却有赘余否定结构。既然不能涵括汉语否定现象，这些类型学研究的结论当然也就不具有普适性。另一方面，国内研究常常只在现象描写阶段补充外语的例句，真正的多语对比分析尚不多见。比如，王助（2006）对汉法赘余否定做了较为详细的描述和比较，但并没有进一步对汉语或法语赘余的生成和理解机制进行深入的对比分析。

此外，汉语界的研究路径与国外类型学的研究思路也大相径庭。举个典型的例子，汉语的否定标记本身就存在语法范畴不明的问题，比如，"不、没（有）、别"是不是其他语言中的否定小品词呢？一些学者给出了肯定的回答，认为"不"是黏着成分（Huang，1988；Ernst，1995），也有学者坚持将"不"与"附缀"区分开，认为"不"是焦点敏感算子（李宝伦 等，1999）。还有学者认为有必要在句子否定标记中为汉语专设一类"否定副词"（陈振宇 等，2022：36），而有的学者又将汉语与其他语言中的否定词（如英语 *not* 和法语 *ne*）统称为"副词"（沈家煊，2012）。这些分歧实质上体现出了汉语界与国外类型学研究的不同视角。基于上述现象，本书采用的多语研究方法不仅兼顾汉语与外语语料，同时也兼顾汉语界与外语界的研究思路。我们认为这对于分析具有类型学意义的特殊否定十分必要，正如沈家煊先生所说，"西方学者关注的语言无论在数量还是种类上都很可观，有自觉的理论和不断的方法创新，这都是我们要认真学习和借鉴的……中国的语言学家应当把汉语放到世界语言变异的大背景上来考察，既要克服只从汉语看汉语的狭隘性，又要注意不受'印欧语眼光'的束缚"（沈家煊，2012：2）。

结合上述三方面的介绍，可对本研究的研究对象和研究方法作如下概括：首先，特殊否定有丰富的语用和交际功能，理应在语用学框架内考察。其次，不同认知背景的人都选择用否定来达到交际目的，解释这一现象需要我们在认知语言学的框架内探究各类否定结构的生成机制。最后，跨语言共性反映了认知心理的普遍性，因此多语对比分析有助于揭示特殊否定的生成机制。

　　接下来的章节将分别探究三类特殊否定结构在语言交际中的功能。在相应章节中，将基于多语语料，比较存在于不同语言中的特殊否定用法，分析其在结构和功能上的跨语言异同点，进而探究其生成机制及其语用功能。最后还将专门讨论特殊否定的语用交际功能，举例说明特殊否定在真实语境中的使用，展示其在交际中发挥的重要作用。

已有研究中，"赘余否定"一般指含有无否定义的否定标记的结构。汉语界也将这种现象称为"羡余否定"或"冗余否定"。其他语言的研究对这种否定现象也有不同的称谓，比如，英语中称这种结构为"expletive negation"，"redundant negation"和"pleonastic negation"等，法语中有"négation explétive"，"négation abusive"，"négation parasite"和"négation redondante"等多种名称。除称谓不统一外，"赘余否定"指称的否定现象范围也较广，包括含有无否定义的否定标记的句子、动词词组、形容词结构、副词结构，等等。比如，汉语句子"我差点儿没摔倒"，形容词结构"好不热闹"，副词结构"不要太……""不一会儿……"都被纳入了"赘余否定"、"羡余否定"或"冗余否定"的指称范围内。事实上，以上几类含有无否定义的否定标记的结构生成机制并不相同，这一点在多语对比分析中尤其突显，后面的几个章节将分别分析这几种结构的生成机制和语用功能。为避免产生歧义，本书将"赘余否定"定义为"含有无否定义的否定标记的句子"，从而将形容词结构、副词结构排除在了"赘余否定"之外。此外，需要说明的是，一些语言（如英语、德语、意大利语）中有感叹否定句，即感叹句中出现了无否定义的否定标记。但是，感叹否定句的语法特征和赘余否定不尽相同，二者生成机制是否一样有待进一步考证，本章末尾将讨论这一问题。

2.1 赘余否定的跨语言差异

从类型学角度看，赘余否定现象很常见，下面简要列举几种语言中的赘余否定结构。

(1) a. Il s'en est fallu de peu que je (ne) casse le verre.　（法语）

'我差点儿打碎杯子。'

b. Peter wollte Potsdam nicht verlassen bevor (nicht) das Projekt

in ruhigem Fahrwasser war.　（德语）

'彼得在这个计划实施前不会离开波兹坦。'

c. Mǎ tem cǎ (nu) vìna.　（罗马尼亚语）

'我害怕他会来。'

d. Skrivat ću se dok (ne) svane dan.　（克罗地亚语）

'我会一直躲到天亮。'

e. Timeo (ne) veniat.　（拉丁语）

'我害怕他会来。'

f. Tenia por que (no) escollissin un nou director.

（加泰罗尼亚语）

'我担心会选一个新经理。'

(Yoon，2011：22－23；Zovko Dinković & Ilc，2017：162；

Zuo，2020：34－53)

虽然各语言中的赘余否定都包含一个没有否定义的否定标记，但其功能和句法特征却不尽相同。我们首先来看功能上的差异。

2.1.1　赘余否定的功能差异

首先，赘余否定标记在绝大多数语言中既无语义作用（即无否定义），也无句法功能。简单地说，删除赘余否定标记后，句子的语义和句法都不会受到影响。但是，在一些语言中，赘余否定虽然没有语义功能，但承担了一定的句法功能。比如，下例中俄语的赘余否定标记 *ni* 被去掉后，句子便不符合语法了。

(2) a. Čto by on ni govoril，on rad，čto uezžaet.（俄语 转写式）

'Whatever he says, he's happy to leave.'

b. #Čto by on govoril, on rad，čto uezžaet.

　　(Inkova，2006：111)

　　语义功能上，汉语研究普遍认为赘余否定算子会增强主观情感的表达（Biq，1989；江蓝生，2008；沈家煊，1999；石毓智，1993；朱德熙，1959）。下面两例中的 b 句与 a 句相比，加入了说话者的情感或态度，如后怕、庆幸、惊奇等。

　　（3）a. 我差点儿摔倒。

　　　　b. 我差点儿没摔倒。

　　（4）a. 我差点儿赶上火车。

　　　　b. 我差点儿没赶上火车。

　　但是，并非所有语言中的赘余否定标记都有突显主观情感的作用。以法语为例，就句子加上赘余否定标记 *ne* 之后句义是否变化，学者并未达成一致意见。Damourette & Pichon（1911－1940）指出赘余否定的出现与否取决于说话者的心理态度。例如，"*ne pas nier que ne ...*"（不否认）和"*ne pas douter que ne ...*"（不怀疑）中的 *ne* 表示说话者对某件事情的发生表达了内心的遗憾，而这件事情往往是说话者有意识或无意识地希望不要发生的事（Damourette & Pichon，1911－1940：2214）。然而，在 Damourette 和 Pichon 之后，其他学者更倾向于认为赘余否定在陈述句的语义上没有任何作用。比如，Gaatone（1971）引用了许多例子，以反驳 Damourette 和 Pichon 的主张，证明赘余否定与讲话者的心理态度无关。Muller（1978）也指出，只有表达恐惧的动词和带有"双重否定"的谓词引发的赘余否定会导致语义上的差异："……在表达害怕（crainte）这一情感的动词后，*ne* 后面的事态往往是还未实现或未经证实的。在某些带有双重否定的谓词的情况下（如 *ne pas nier que ne ...*（不否认（没）……），*ne pas douter que ne ...*（不怀疑（没）……））赘余否定的使用则对应已被证明的、被接受的、已实现的事实。"（Muller，1978：95）可以看出，即使在 Muller 提到的"害怕""否认""怀疑"等触发词之后，赘余否定的使用与否也仅仅是与事态是否真实发生或发生的可能性有关，与说话者的主观态度没有关系，这一点与汉语研究的观点有很大的区别。

除主观情感外，赘余否定使用的语域也有差异。以汉语和法语为例：汉语中的赘余否定多在口语中使用，属于通俗表达，很少出现在书面语中（王助，2006）。而法语中赘余否定的使用则被认为体现了对法语的精确掌握，多出现在书面语中。使用上的差异也导致赘余否定出现频率的不一致：在汉语中，无论在哪个触发词后面，赘余否定标记出现的频率总是高于不出现的频率（王助，2009）。在法语中，在 *avant que*（在……之前）和表示阻止的谓词（如 *empêcher que*（阻止））后，赘余否定标记 *ne* 出现的频率比不出现低，而在比较句和 *à moins que*（除非……）后则是 *ne* 出现的频率更高（Gaatone，1971）。那么，为什么汉语的赘余否定多出现于口语，而法语中多用于书面语呢？原因之一可能是汉语的赘余否定结构没有句法限制，在使用中更容易出现歧义。接下来，我们就将介绍不同语言中赘余否定在语言形式或结构上受到的限制。

2.1.2 赘余否定的结构差异

除功能上的差异外，赘余否定在不同语言中还存在很多结构上的差异。

首先，许多语言（如罗马尼亚语、加泰罗尼亚语）中的赘余否定必须和虚拟语气配合使用，赘余否定标记出现在直陈式中是不合语法的。如（1c）中的赘余否定标记 *nu* 必须和虚拟式的 *vina* 一起出现，不能和直陈式的 *vine* 一起出现。但汉语等语言中的赘余否定不受语式的限制。

此外，部分语言的赘余否定标记不同于一般否定标记，如法语的 *ne* 和 *ne ... pas*[①]，加泰罗尼亚语的 *ne* 和 *no*，而一些语言的赘余否定标记与一般否定标记相同，如德语的 *nicht*，汉语的"不/没/别"。从语言形式上看，无论是专门的否定赘余标记的使用，还是赘词与虚拟式的搭配，都在一定程度上起到了排除歧义的作用。在没有这些句法限制的语言中，赘余否定句在语境缺失的情况下可能会出现歧义。比如汉语的"差点儿没……"，"否认没……"和"怀疑没……"：

（5）a. 我差点儿没去找他。

---

① 法语中单独使用的 *ne* 仅在以下几种情况有否定义，见例（8）前的介绍。

b. 考虑到他对这里很熟，我差点儿没去找他。

c. 天都黑了他还没到，我差点儿没去找他。

(6) a. 安琪否认没有和魏明谈恋爱。

b. 安琪否认没有和魏明谈恋爱，称现在还是单身。

c. 安琪否认没有和魏明谈恋爱，称二人正在交往。

(7) a. 我怀疑小王不会说谎。

b. 我怀疑小王不会说谎，他一说谎就会脸红。

c. 我怀疑小王不会说谎，他看上去就很精明。

(Zuo，2020：44，48)

在语境信息不明的情况下，（5a）、（6a）和（7a）都可以有正反两种解读，因为没有任何句法标记可以帮助排除歧义。句法标记导致赘余否定产生歧义的情况也出现在其他语言中。比如，在大多数情况下，法语的一般否定标记为 *ne … pas*，但两种情况除外：首先，有的法语动词可以用单独的 *ne* 否定，如 *cesser*（停止），*pouvoir*（能够），*oser*（敢）；其次，有的半否定（semi-négation）结构中也可以不出现 *pas*，如 *personne ne …* 和 *ne … plus*。在这两种情况中，赘余否定也有可能出现歧义。比如下面两例中，*ne cesser* 在赘余否定触发词 *craindre* 后面有肯定（8a）和否定（8b）两种解读，半否定 *personne ne* 在触发词 *empêcher* 后也有肯定（9a）和否定（9b）两种解读：

(8) Je crains qu'il ne cesse de parler.

我 害怕 Conj. 他 NEG 停止　　说话

a. Je crains qu'il ne cesse de parler.

‘我害怕他停下不说。’

b. Je crains qu'il ne cesse pas de parler.

‘我害怕他不停地说。’

(9) Empêchez que personne ne sorte!

阻止　　　Conj.　有人　　NEG 出去

a. Faites en sorte que quelqu'un au moins sorte.

‘至少让人能出去。’

b. Empêchez que quiconque sorte.

'别让任何人出去。'

(Muller，1991：361)

赘余否定的解读不光受句法结构的限制，在一些语言中还会受到语义上的限制。如德语的"bevor（nicht）…"（（没）……之前），当 bevor 引导的从句出现赘余否定标记 nicht 时，前置的主句必须是否定句。比如，（1b）中 bevor 前的句子为否定句 Peter wollte Potsdam nicht verlassen（彼得不会离开波兹坦）。但是，汉语对应的赘余否定结构"（没）……之前"以及法语的 avant … que（ne）却没有这样的限制，比如，我们可以说：

（10）事情（没）解决之前，彼得就离开了。

（11）Peter est parti avant que le problème（ne）soit résolu.

专名　离开-PAST 之前 Conj. 那　　问题　　NEG　被解决

'事情没解决之前彼得就离开了。'

即使（10）和（11）的主句不是否定句，从句中也允许出现赘余否定。但是，汉语的"（没）P 以前"结构也有另一种语义上的限制，即 P 不能代表所有的谓词。比如，只能说"吃饭之前要洗手"，不能说"#没吃饭之前要洗手"，而法语的 avant … que（ne）却可以和任何谓词搭配。又如，汉语的"难免不"，"避免不"后面不能跟褒义的形容词，如"住得太远，难免不方便"和"仔细检查产品质量，避免不合格"中的"不"就不能看作赘余否定标记，只能看作具有否定义的否定标记，法语的 empêcher que（ne）… 则没有这样的限制。此外，法语的 douter（怀疑）和 nier（否认）必须在否定或疑问语境[①]下才能触发赘余否定，而汉语则恰好相反，"怀疑"和"否认"必须在肯定语境下才能触发赘余否定。如下例所示：

（12）a. Je ne doute pas que Paul（ne）soit un espion.

我 NEG 怀疑 NEG Conj. 专名 NEG　是　一个 间谍

---

① 比如：Nierez-vous qu'il（ne）soit un grand artiste? 您会否认他（不）是一位伟大的艺术家吗？

'我不怀疑保尔是间谍。'

#'我不怀疑保尔（不）是间谍。'（汉语"不怀疑"后不能出现赘余的"不"）

b. 我怀疑/否认玛丽（不）是间谍。

Je doute que Marie soit un espion.

我　怀疑　Conj. 专名　　是 一个 间谍

'我怀疑保尔是间谍。'

#Je doute que Marie（ne）soit un espion.（法语 douter 后不能出现赘余的 ne）

我　　怀疑 Conj. 专名　NEG　　是 一个 间谍

最后，很多语言的赘余否定标记只有一种形式，如法语的 *ne*，罗马尼亚语的 *nu*，但有的语言有多种否定标记可以用作赘余否定。比如，汉语的赘余否定标记有"没""不""别""不该"等多种形式，它们分别对应于不同的"触发词"：只能说"差点儿没迟到"，不能说"#差点儿不迟到"，"#差点别迟到"；只能说"小心别滑倒"，不能说"#小心没滑倒"；只能说"后悔不该打儿子"，不能说"#后悔不打儿子""#后悔没打儿子"①，等等。

这些句法上的差异有的与语言的规约化用法相关，有的则与赘余否定产生的认知和语用动因相关。我们将对赘余否定结构的差异进行分析，排除由语言规约用法或句法规则产生的特殊性，聚焦于认知和语用因素。

2.1.3　基于句法特征的汉语赘余否定个性

部分赘余否定的个性是一门语言的词汇或句法特征引起的，探讨生成机制的认知语用动因时，可以先排除这些干扰项。

首先，有些语言的赘余否定必须与虚拟式搭配，有的语言则不用，其原因是语言系统的差异。比如，汉语本来就没有直陈式、虚拟式之分，自然也就不存在赘余否定必须出现在虚拟句中的限制。

---

① "后悔没打儿子"可以说，但是"没"是有否定义的，不是赘余否定标记。

其次，一些语义上的特征也和语言自身的句法特征相关。比如"难免不……"后面不能跟褒义的谓词。Qiu（1998：17）认为："'难免（不）……'后的谓词需要满足一个条件，即这个动词或形容词不会和其前面的否定前缀合并成一个词。"比如，（13a）中的"不"和"遭受"没有形成一个词，所以"不"是赘余否定标记。而（13b）中"方便"和"不"合成了一个词，因此"不"有否定义。

(13) a. 人生难免不遭受挫折。

b. 城市太大，交通难免不方便。

（Zuo，2017a：123）

这一特征其实是汉语句法所特有的，汉语中"不＋谓词"比其他表语结构更具整体性（赵旻燕，2007），容易被当作一个词解读，即把"不"作为否定前缀。在此句法特征影响下，赘余否定结构"难免（不）"后接的谓词便受到了限制。

句法特征也影响了汉语的"小心（别）……"。"小心"后的赘余否定算子只能是"别"，不能是"没"或"不"：

(14) a. 小心别摔倒。

b. 小心这座桥不牢。

（同上：18）

首先，与汉语祈使句搭配的是"别"，根据结构整合观，"小心"后的赘余否定标记只能是"别"。其次，"小心"在祈使句中其实有两种含义，当"小心"取"当心以避免某事发生"的意思时，否定标记"别"是赘余的，如（15a）；当小心取"注意"的意思时，"小心"的词义内部本身不含否定义，这时"小心"后面应该是一个完整的事态，作为需要"注意"的对象，否定标记往往不是赘余的，如（15b）。法语中的"prendre garde que ..."（小心）和汉语的"小心"一样有两种解读，当 prendre garde 保留否定义时，ne 是赘余的，如（16a）；当 prendre garde 取 faire attention（注意）的意思时，ne 是有否定义的，如（16b）。

(15) a. 小心别走丢了。

　　 b. 小心这张椅子不干净。

(16) a. Prend garde à ne pas tomber.

　　　　 当心　　　　　　P. NEG　摔倒

　　　　 '小心别摔倒了。'

　　 b. Prend garde que ce pont ne soit pas solide.

　　　　 当心　　　　　 Conj.　这桥　　NEG 是 NEG 牢固

　　　　 '小心这座桥不牢。'

　　至于法语的 *douter*（怀疑）和 *nier*（否认）在否定或疑问语境中才能后接赘余否定的问题，Muller（1991）认为 *ne*（尽管是赘语的）会将 *douter* 或 *nier* 后的从句导向否定极性，所以主句中的 *douter* 也要在否定极性下才能后接 *ne*。Qiu（1998）则认为"怀疑"和"否认"都显示出了猜疑和不确定的态度，因此导向了赘余否定。实际上，法语的 *douter* 和 *nier* 本身的语义内涵都偏向否定，*douter* 在汉语中对应的其实是"怀疑不"，而不是"怀疑"。① 因此，*douter* 在否定环境出现时——即 *ne pas douter*——反而比 *douter* 的判断倾向更加模糊，突显了言者猜疑的态度，导致赘余否定的产生。疑问环境也是一样的道理，疑问表示判断不明，言者持猜疑的态度，因而导向了赘语否定的出现。简言之，法语 *douter* 和 *nier* 只能在否定或疑问句环境中触发赘余否定的限制也是由 *douter* 和 *nier* 的规约化语义造成的。

　　在排除了句法—语义层面的个性后，接下来，我们将总结各语言中赘余否定结构的共性，并在此基础上探讨赘余否定的生成机制。

2.2　赘余否定的共性探究

　　在上段中，我们介绍了不同语言中的赘余否定存在功能和句法差异。实际

---

① 比如，*Je doute qu'il soit étudiant* 中的 *douter* 虽然是肯定形式，但句子在汉语中意为"我怀疑他不是大学生"，而非"我怀疑他是大学生"。所以法语的 *douter*（怀疑）倾向于"不相信"他是大学生，与汉语的"怀疑"语义并不完全一样。

上，很多研究曾尝试从句法结构上寻找赘余否定的共性。例如，Van der Wouden（1994）指出，赘余否定就是弱式的否定极词，所有语言中触发赘余否定的都是单调递减语境。[1] Zovko Dinković & Ilc（2017）断言赘余否定只出现在"否定一致"（具体见第五章）的语言中。然而，这些研究提出的句法共性均无法涵括所有具有赘余否定用法的语言。例如，汉语的赘余否定不受虚拟语气、非事实性（non factualness）或单调递减语境的限制（Makri，2013；Zovko Dinković & Ilc，2017）。"具有'否定一致'现象的语言才具有赘余否定用法"这一论断也是错误的，因为汉语和拉丁文中不存在否定一致现象，但却有赘余否定用法。

前人的研究并没有真正找出赘余否定在句法上的共性——各样本语言之间差异不够显著是原因之一——因此，不少研究开始从语义角度探讨赘余否定的共性，强调说话者对综合命题的真假的"不确定"。例如，Yoon（2011）认为赘余否定是虚拟语气的否定对立面，它表明了说话者对综合命题真实性的不确定。Makri（2013）认为赘余否定是一种认知情态（epistemic modal），并且不与另一种认知情态共存，从而否定了赘余否定与虚拟语气或反事实之间存在因果关系。但是，这两种论点无法解释为什么情态（虚拟语气和其他语气）要用否定标记来表示，以及为什么赘余否定作为情态始终要在否定句法环境中呈现（Zovko Dinković & Ilc，2017）。

以上对于共性的探讨均试图用一条规律解释所有语言中的赘余否定，但无论是从句法角度还是语义角度，几乎所有规律都遭遇了反例。究其原因，一是已有研究搜集的语料多为印欧语系的语言，较少有研究将汉语等其他语系的语言纳入分析范围；二是语言的规约化用法及语言本身的句法规则决定了赘余否定在某些语言中具有这样那样的"个性"。接下来，我们将在现象描述的层面介绍各语言中赘余否定的共性。

首先，触发赘余否定的谓词在语义上主要分为以下几类：

---

[1] *Paratactic negation is a negative polarity item of the weak sort，i.e.，it may occur in all monotone decreasing contexts.*（Van der Wouden，1994：23）单调递减有两种情况，一是当且仅当 B⊆C，D（A）（C）蕴涵 D（A）（B）。比如【会说汉语和英语】⊆【会说英语】，而【他不会说英语】蕴涵【他不会说汉语和英语】，因此"不"是向右单调递减的。二是当且仅当 A⊆C，D（C）（B）蕴涵 D（A）（B），比如【中国人】⊆【中国人和英国人】，【中国人英国人不说土耳其语】蕴涵【中国人不说土耳其语】，因此"不"是向左单调递减的。

● 表阻止、避免的谓词，如"小心"，"难免"，*éviter*（法语：避免），*hindre*，*keer*（荷兰语：阻止）；

● 表差次或少量的词，如"差点儿"，*il s'en faut de peu*（法语：差点），*rarement*（法语：极少地）；

● 某些从句的句首连词，如"以前/之前"，*bevor*（德语：之前），*à moins que*（法语：除非），*dok*（克罗地亚语：直到），*dokler*（斯洛文尼亚语：直到），*sans que*（法语：不……，没有……）；

● 表示怀疑或否定，如"怀疑"，"否认"，"拒绝"，*ne pas douter / nier*（法语：不怀疑/不否认），*désavouer*（法语：抵赖），*dubitare*（拉丁语：怀疑）；

● 对已经发生的事情的否定态度，如"后悔"，"责怪"，"埋怨"；

● 表示担心或害怕的词，*craindre*，*appréhender*，*redouter*，*trembler*（以上四词在法语中均表示"害怕"），*teme*（罗马尼亚语：害怕），*timere*（拉丁语：害怕）；

● 表示不耐烦，*être impatient que*（法语：不耐烦的），*il tarde à quelqu'un que*（法语：迫不及待地要……）；

● 表示比较，*plus*，*moins*，*mieux*，*meilleur*，*pire*，*autre*（法语：更多，更少，更好地，更好的，更坏的，其他的）[①]，*preferir … que …*（西班牙语：更喜欢……而非……）[②]。

需要指出的是，每种语言中的赘余否定触发词并不完全重合，且有的语言触发词多，有的语言触发词少。以汉语和法语为例，法语的连词结构 *sans que*（不/没……），*que*（无论），*jusqu'à ce que*（直到……），*craindre*（害怕），

---

① 比如：*Paris était alors plus aimable qu'il n'est aujourd'hui.*
　　 Paris was　then more nice　than-it not-is today
　　 'Paris was more amiable then than it is today. '

　　 Il est autre que je ne croyais.
　　 He is other that I not believe
　　 'He is different than I thought. '
　　 (Van der Wouden, 1994: 35)

② 比如：*Preferiría　　　　salir　con vosotros que（no）estar trabajando　todo　el　fin de semana.*
　　 prefer + COND. 1sg go-out with you　　than not be　working　whole the end of week
　　 'I would rather go out with you than be working the whole weekend. '
　　 (Espinal, 2000: 48)

plus que（多于……）, *moins que*（少于……）, *être impatient que*（不耐烦地……）, *il tarde à quelqu'un que*（某人等不及要……）, *rarement*（极少……）以及表示比较的结构等都在汉语中找不到相应的赘余否定触发词。相反，上述第五类（对已经发生的事情的否定态度）在汉语中可出现否定赘词"没有"，而法语中语义对应的动词后——*regretter*（后悔）, *reprocher*（责怪）, *se plaindre*（埋怨）——并不能出现否定赘词。

其次，这几类词最重要的共同特征是，它们的词义内部都含有否定义。下面我们分别说明否定义在几类赘余否定触发词中的地位。

（一）在表示怀疑或否定的动词，表示阻止、避免、害怕的动词，表示时间的连词和不等对比句中，否定义都位于词义的明示义层面，是这些动词核心语义中不可或缺的一部分。

一方面，这些动词的否定含义对外部否定非常敏感。当这些触发谓词被否定时，其内部的否定含义自然会被消除。例如：

> 不否认 P≈坦白 P
>
> 不拒绝 P≈接受 P
>
> 不怀疑 P≈认为 P
>
> 不阻止 P≈让 P 发生
>
> 不害怕 P≈接受 P 发生
>
> 不比 P 更多≈和 P 一样多
>
> 没有更喜欢 P≈选不选 P 一样

另一方面，由此类触发词控制的肯定表达式可以自然地替换为否定表达式。换句话说，说 X（P）就是说 Y（¬P），其中 X 是赘余否定的触发词，而 Y 是与 X（P）相对应的否定表达式：

> "否定 P"即"没 P"
>
> "拒绝 P"即"不 P"
>
> "怀疑 P"即"认为不是 P"
>
> "避免 P/防止 P"即"不 P"

"难免 P" 即 "不 P 很难"

"在 P 之前" 即 "没 P"

"直到 P" 即 "P 之前状态没变"

"害怕 P" 即 "希望 P 不发生"

"比 P 多""比 P 少" 即 "和 P 不一样"

"优选 P" 即 "不优选非 P"

正反两个表达可以用 "即""也就是说""意思是" 等联系起来。例如：

（17）a. 我否认见到他，我的意思是，我没看到他。

　　　b. 他拒绝承认，也就是说，他不承认。

总之，否定性含义在此类触发谓词中最为突显，因为它包含在这些谓词的明示义中。将这些谓词中隐含的否定含义明示出来，实质上就是用另一种说法表达相同的含义。

（二）除明示义外，否定义是有的触发谓词核心语义的 "蕴涵义"（implication）。

这类触发词包括表示差欠的 "差点儿" 和表示对已经发生事态的否定态度的 "后悔""责怪""埋怨" 等。首先来看 "差点儿 P"。

￢P 在 "差点儿 P" 中具备蕴涵义的特征。首先，当 "差点儿 P" 为真时，￢P 为真；如果￢P 为假，则 "差点儿 P" 为假。例如，在（18）中，取消￢P 时，该语句会变得矛盾：

（18）[#]我差点儿摔倒，事实上真的摔倒了。

但是，当￢P 为真时，差点儿 P 不必为真，因为我可能一点 "摔倒" 的可能性都没有，或者说，我离 "摔倒" 这一状态还差得很远。此外，将￢P 明示化会使语义重复，使表达出现冗余：

（19）[?]我差点儿摔倒，所以我没摔倒。

以上现象都说明¬P是"差点儿P"的蕴涵义。

再来看"后悔""责怪""埋怨"等对已有事态表示否定态度的词。根据袁毓林（2012）的观点，"不应该做某事"是"后悔""责怪""埋怨"这类谓词的"预设"（presupposition）。我们认为这一判断并不准确，因为这些表达式的预设实际上是事件的完成，而不是事件的该应性。例如，"他后悔打儿子"和"他不后悔打儿子"都预设"他打了儿子"。但是，"他不后悔打儿子"并不意味着"他不应该打儿子"，我们完全可以很自然地说"老王不后悔打儿子，因为他应该这么做"。因此，"不应该P"并不是"后悔P"的预设，"责备P"和"埋怨P"也是一样。由于"不应该P"既不能被明示也不能被取消，它具备了"蕴涵义"的条件。如下面两例所示：

(20) a. #他后悔晚上出门，他晚上应该出门。（取消"不应该出门"）

b. ?他后悔晚上出门，所以他晚上不该出门。（明示"不应该出门"）

(21) a. #母亲责备/抱怨丽丽任性，丽丽应该任性。

b. ?母亲责备/抱怨丽丽任性，所以丽丽不应该任性。

（Zuo，2017a：131）

（20a）和（21a）取消了"不应该出门/任性"，句子显得前后矛盾。（20b）和（21b）明示了"不应该出门/任性"，句子也显得很不自然。由此，我们认为"不应该P"是"遗憾P"、"责备P"和"抱怨P"的蕴涵义。

还有两个论据也可以支持这一判断。一方面，当"不应该P"为假时，"后悔P""责备P""抱怨P"也为假。因为如果应该做某事，一个人就不会后悔、责备或抱怨做了某事。另一方面，当"不应该P"为真时，"后悔P""责备P""抱怨P"不一定为真，因为即使P不应该发生，人们对P也不一定非得持否定态度。例如，以下几句都是非常自然的句子，没有逻辑上的矛盾："她不应该这么任性，但我不怪她。""我不应该打他，但我不后悔。""小李不应该这样做事，但我们也没什么可埋怨的。"

总而言之，"责备""后悔""埋怨"等对已完成的事实表消极态度的触发谓词蕴涵"不应该 P"。由于蕴涵是一种真值语义关系，我们可以说￢P 与所表达的命题紧密相关（Moeschler，2012）[1]。与被假定为背景义的"预设"[2] 相比（沈家煊，1998），蕴涵义在话语的语义上占据了更为突出的位置。

（三）"小心 P"的否定义不如其他赘余否定表达那么突出，"小心 P"实际上表达的是"注意不要使 P 发生"。

当我们说"小心 P"时，我们对"注意 P"这个动作的关注要大于对￢P 这一状态的关注。换句话说，没能实现￢P 的状态并不影响"言者说出了'小心 P'"的真假值。此外，"小心 P"为真时，￢P 为真（如果集中精力于某事，就不会发生不如意的事），而"小心 P"为假时，￢P 也为假（如果不集中精力于某事，就会发生不如意的事），所以，"不 P"是"小心 P"的规约含义（conventional implicature）。[3]相对于会话含义，规约含义在命题的意义中仍然占据比较重要的位置：一方面，规约含义的取消会使陈述不自然（见（22a））；另一方面，当"小心 P"被否定时，作为规约含义的￢P 也会被取消（如（22b）），这表明￢P 对外部否定还是很敏感的。

  （22）[?]a. 小心滑倒！滑倒吧。

    b. 他不小心滑倒了。

  （Zuo，2017a：136）

尽管规约含义不影响话语的真值，但它仍然是陈述传达的含义中固有的意义。相对于依赖语境的"特殊会话含义"[4] 而言，它在话语的语义中占有更突显的位置。

---

① "蕴涵义"是逻辑语义上的概念，如果 A 蕴涵 B，则 A 为真时 B 也为真，B 为假时 A 为假，而 B 为真时 A 不一定为真。如"喝了四杯咖啡"蕴涵"喝了三杯咖啡"；"没喝到三杯"就一定"没喝到四杯"；"喝了三杯"为真时，"喝了四杯"不一定为真。

② 如果 A 预设 B，则不管 A 是真是假，B 都为真。如无论"她妹妹 10 岁了"是真还是假，她都有妹妹。

③ "规约含义"是直接附着在特殊语词上的含义；比如 "He is an English man; he is, therefore, brave" 一句中的 "therefore" 带来了规约含义 "An English man is brave"；如果 "therefore" 没有了，这一规约含义在句子中也不复存在了。

④ "特殊会话含义"依赖话语内容和语境，在话语语义中并不稳定。如"他是个机器"在不同语境中有不同的特殊会话含义，可以表示"他很高效"，"他很冷漠"，"他不知疲倦"，等等。

总之，不同语言中赘余否定的触发词都是含有否定义的谓词，且否定义在赘余否定结构的命题意义中占有比较突显的地位，如明示义、蕴涵义及规约含义。在下一部分，我们将在结合各语言赘余否定共性与个性的基础上探讨赘余否定的生成机制。

2.3 赘余否定的生成机制

赘余否定的触发谓词都有隐含的否定义，因此，总是存在一个否定表达，其含义与触发词引导的肯定表达相同。我们由此提出一个假设：当我们说 X（P）时，我们很容易同时想到¬P。这两个相反的表达同时出现会引起认知—心理干扰，从而导致否定标记的出现。例如，当我们说"拒绝执行 P"时，我们同时想到意思相同的否定表达"不执行 P"。这导致我们最后说出的是"拒绝不执行 P"。这种基于触发词内部否定义的解释实质上已有研究提及。我们先对相关研究作简要的概述。

2.3.1 已有研究概述

20 世纪 20 年代，Damourette & Pichon（1911 - 1940）就针对法语的赘余否定提出了解释，他们认为赘余否定体现了主从句之间的不一致（discordance），具体说来，就是言者希望发生的和他认为可能会发生的事不一致。例如，在 *craindre*（害怕）引导的赘余否定句中，主语的希望（P 不发生）和他所估计的可能性（P 会发生）之间不一致（Damourette & Pichon，1911 - 1940：Vol 7.，Tome 1，Chap. VII，Appendice 2）。这种思路在后续的研究中得到了发展，比如，Martin 注意到主从句的"不一致"并不一定导致赘余否定 *ne* 出现，他为"不一致"的概念补充了一个逻辑基础："*ne* 标志着 P 被提及的世界（P 为真）和替代世界（P 为假）之间不一致；这个替代世界必须是有可能的，不违反事实的。"（Martin，1987：70）Martin 解释了为什么 *regretter* P（遗憾 P），*bien que* P（虽然 P）等含有否定义的词并不触发赘语否定：因为二者预设了 P 的事实性（即 P 已经发生），导致替代世界中的"非 P"一定是反事实的，所以不能后接赘余否定。相反，在能够出现赘余否定的 *empêcher* P（防止 P）中，P 在被提及的世界中是真的；在替代世界中，¬P 也是可能的，不是反事实的。不过，Martin 的理论也遭遇了反例：按照他的说法，*ne* 应该可以出现在 *préférer*（更喜欢）之后，因为 *préférer* 表明了优选项（提及和期望的世界）和非优选项（替代世界）之间的不一致，而两个世界都是可能发生的。然而，*préférer* 在法语中并不引发赘余否定。此外，Muller（1991）提出 *rarement*（很少……）引发的赘余否定也不符合 Martin 的假设，比如：

(23) ... rarement un président nouvellement élu (ne) s'était aussi
很少   一个 总统   新地   当选NEG是   如此
bien préparé à sa tâche.
好   准备   P.他的 任务
'……一个新当选的总统为他的任务做如此充分的准备是非常少见的。'
(Muller，1991：395)

在替代世界里，¬P（没有一个新当选的总统有如此充分的准备）是反事实的，因为 *rarement* P（P 很少见）的规约含义是"P 为真"。但是，如（23）所示，*rarement* 后面的从句仍然出现了赘余否定标记 *ne*。

Muller（1991）提出了一个新的观点：所有的赘余否定触发词都是"逆否定结构"，即 X≈Y（NEG）。这一结构的特殊性在于它所包含的否定义与 X 的语义内核无关，而是与 X 的补语相关。比如，*sans* P（没有 P）≈ *de telle façon que ne pas* P（以非 P 的方式），则 *nier* P（否认 P）≈ *affirmer que ne pas*（断言非 P），*prendre garde*（*que* / *de* P）（当心 P）≈ *faire attention*（*que* / *de* / *à*）*ne pas*（注意不要 P），等等。根据 Muller 的观点，逆否定结构突出了触发词的语义复杂性，这种复杂性造成了 Damourette & Pichon（1911－1940）早前提出的"心理预期与事实之间的不一致（discordance）"，进而形成了赘余否定（Muller，1991：397）。Muller 的这种说法在某种程度上解释了赘余否定标记的出现，但是仍然无法解释一些情况下 *ne* 的缺失。例如，*déconseiller* P（不建议 P）≈ *conseiller de ne pas* P（建议不要 P），*à peine*（几乎不）≈ *presque pas*

（几乎不）也是逆否定结构，但它们不能触发赘余否定。Muller 坦言："我一直将逆否定这一称谓描述为容易促成赘余否定的框架，而不是赘余否定出现的充分条件。除逆否定结构外，赘余否定的产生还受到一整套复杂的句法、语用、叙述甚至是言外因素的影响。"[①]（Muller，1994：187）。

国内研究中，沈家煊（1999）指出赘余否定的所有触发动词都有否定义，这些否定义并没有用否定标记明示出来。例如，"差点儿 P"和"在 P 之前"都暗含了"没 P"，但命题中没有否定标记。为了强调陈述中的否定义，说话者有意识地用否定标记明示了命题中的否定义。然而，该假设无法解释为什么"反对 P""比 P 少"等表达也具有否定含义，却不能触发赘余否定，又或者为什么"craindre P"（害怕 P）在法语中触发了赘余否定，但"害怕 P"在汉语中却不能触发赘余否定。

袁毓林（2012）也认为隐含否定义的词汇化是旨在巩固否定含义的一种"有意识的"行为。他利用 Jespersen（1924）的累积性否定（cumulative negation）概念对隐含否定的词汇化做了解释：与累积否定类似，两个否定标记同时出现不会彼此抵消，而是会加强否定性。

与"有意识"地使用否定标记以突出隐含否定义的看法不同，江蓝生（2008）借由语义积累和结构整合分析了汉语的赘余否定结构。她认为赘余否定结构是两个具有相似语义但极性相反的结构的整合：如"在没 P 之前"是"没 P 的时候"与"在 P 之前"的整合，"难免不 P"是"很难避免 P"和"不 P 很难"的整合。如果一个人在两个语义相似的表达式之间犹豫并最终将它们集成在一起，则会"无意识"地发生结构整合。但是，为什么语义干扰不是对所有隐含否定义的谓词都有效呢？此外，在分析"差点儿（没）"时，江蓝生（2008）与沈家煊的看法一致，即"没 P"是出于某种特定的交流目的，有意识地加在"差点儿"之上的，这与其他赘余否定结构的"无意识"整合不符。

综上所述，一部分已有研究认为赘余否定产生于肯定表达与否定表达的混同，但对这种混同是认知干扰带来的无意识的整合，还是有意识地用否定标记将隐含的否定义明示化还没有达成一致意见。下面，我们将从语用—认知角度着

[①] J'ai toujours décrit les constructions que j'ai définies sous l'étiquette de négations inverses comme constituant un cadre d'accueil pour la négation explétive, sans que cela suffise. Il s'y ajoute un faisceau complexe de facteurs syntaxiques, pragmatiques, énonciatifs, et probablement extralinguistiques. (Muller, 1994: 187)

眼，在前文总结的赘余否定共性与个性的基础上，探讨赘余否定结构产生的原因。

2.3.2　认知干扰和结构混合

我们假设否定义在触发谓词中的突出地位使其对言者形成了认知干扰。这种干扰使得言者在肯定表达与否定表达间抉择时，不自觉地将二者整合成了一个新的结构。这种受认知干扰而无意识引起的结构整合类似于由认知混乱而引起的口误。例如，英国前首相戈登·布朗在巴拉克·奥巴马面前把奥马哈海滩（Omaha Beach）说成了奥巴马海滩（Obama Beach）。这一口误产生的原因很简单，奥马哈在发音上与奥巴马相近，而戈登·布朗正好在奥巴马面前，又恰好在奥马哈海滩上，这些表达形式相互混杂，产生了一个在当时的语境下最容易想到的表达形式。正是这种认知—心理干扰导致了口误的产生。同样，对于赘余否定，我们也假设存在类似的认知—心理干扰。

结构整合的"无意识性"可以解释触发词后使用和不使用赘余否定的偶然性：当存在干扰时，很容易产生口误，但并非一定会产生口误。同样，尽管赘余否定的触发词可能会引起认知—心理干扰，但赘余否定也不是一定会出现。例如，当我们说"差点儿 P"时，很容易同时想到与之意义相同的否定表达"没 P"，因此很容易说出"差点儿没 P"。但是，我们也有可能只说"差点儿P"。另一方面，如果我们像已有研究一样认为人们是有意识地明示隐含否定义的，就很难解释为什么触发谓词之后并不总是出现赘余否定标记。此外，虽然各语言中的赘余否定触发词具有共性——即都隐含否定义，且否定义在命题核心语义中占据较为突出的位置——但是，每个语言中的触发词并不完全重合，有的词在一门语言中能够触发赘余否定，但与其意义相近的词在另一门语言中却不能触发赘余否定。如果将赘余否定看作"有意识"地明示否定义的后果，就很难解释为什么人们对意义相同的词有不同的处理方式，即选择在有的词后加强否定义，而有的词后面不加强否定义。相反，如果将赘余否定看作"无意识"的表达混合，就能够解释为什么意义相同的词在不同语言中可能触发赘余否定，也可能不会：因为赘余否定本来就是语言使用过程中偶然出现的现象，有的语言选择将某一触发词引导的赘余否定结构规约化，而有的语言则没有形成约定俗成的用法，这也就导致了一些触发词并非在所有语言中都能与赘余否定标记共同出现。比如，*craindre* 在法语中是赘余否定触发词，而"害怕"在汉语中不是；*preferir*（更喜欢）在西班牙语中是赘余否定触发词，而 *préférer*（更喜欢）在法语中不是。

事实上，我们在介绍赘余否定的结构差异时提到的几种现象也可以佐证我们对赘余否定生成机制的假设。

首先，中文的赘余否定标记有"没""别""不""不该"等，但它们只与固定的触发词搭配出现。例如，在"差点儿""否认"后的赘余否定由"没"标记，"拒绝""防止""难免"后由"不"标记，"小心"后则由"别"标记。造成这种现象的原因是"差点儿""否认"描述过去完成的事实状态，只有"没"可以否认过去的状态。"不"否认当前或将来的事态，这对应于针对将来事态的"拒绝"、"防止"和"难免"。"别"用于命令式，而"小心"通常不用于命令式。换句话说，当我们想到"防止 P"时，我们会同时想到"不 P"，而不是"没 P"或"别 P"。同样，当我们想到"小心 P"时，我们很容易想到"别 P"，而不是"没 P"或"不 P"。另一个论据是"遗憾"、"责备"和"抱怨"后的否定词"不"和情态动词"该"都是赘余的。这意味着当我们说"遗憾 P"、"责备 P"和"抱怨 P"时，我们想到的是"不该 P"这个表达，而不是"不 P"这一事态。简言之，汉语赘余否定标记与触发谓词之间的对应关系印证了赘余否定是肯定和否定表达混合的结果。

其次，我们提到汉语的"之前"，法语的 *avant ... que* 和德语的 *bevor ... nicht* 都可以触发赘余否定，但"之前"和 *bevor ... nicht* 后的赘余否定受到不同的句法或语义限制。汉语中，如果说话者想强调事件的顺序，则赘余否定标记"没"不能出现，因为赘余否定产生的前提是否定义突出，以致干扰了表达。如果说话者想要强调时间顺序，而非否定义"没 P"，"没 P"就不会对说话者产生认知干扰。对比下面两例：

(24) a. 天（没）亮之前他就起床了。

　　 b. 天亮之前他就起床了。

(25) a. （#没）吃饭之前要洗手。

　　 b. 吃饭之前要洗手。

例（24）强调"没 P"的状态，因此允许赘余否定标记出现，而例（25）强调时间的先后顺序，不强调"没吃饭"这一事态，因此没有出现赘余否定结构。这种现象在某种程度上支持了我们的假设：如果说话者想强调时间顺序，那么他就不会强调¬P，因而也不受¬P 的干扰，所以不会产生正反两种表达的整合。

另外，当主句是否定句时，P 成为主句谓词表示的事件或状态产生的条件（江蓝生，2008）。逻辑形式为¬P→¬Q，如（26）所示：

（26）客人（没）来之前不能开饭。

　　　¬客人来→¬开饭

赘余否定的这种特点也可以在德语的 *bevor* 之后找到。当 *bevor* 后接赘余的 *nicht* 时，主句必须是否定句。在这种情况下，逻辑形式也是¬P→¬Q：

（27）¬ das Projekt in ruhigem Fahrwasser war（¬项目进展顺利）→
　　　¬ Peter wollte Potsdam verlassen（¬彼得要离开波兹坦）
　　　（Krifka，2010：214）
　　　'在项目进展顺利之前，彼得不愿离开波兹坦。'

在以上例子中，当主句是否定句时，如果删除从句的赘余否定标记，表达会出现问题，如（28b）所示：

（28）a. 没想好之前不表态。
　　　b. ?想好之前不表态。
　　　c. 没想好，不表态。
　　　（Zuo，2020：34）

（27）和（28）的言者实质上强调的是"如果¬P，则¬Q"的条件关系。但由于¬P 可以用"P 之前"表示，所以形成了"没 P 之前"的表达。在这类情况下，可有可无的成分是"之前"，而"没 P"是¬Q 的必要条件，不能省去。因此，删除"之前"不会造成任何语义问题（如（28c）），而删除"没"则不行（如（28b））（江蓝生，2008：490）。

总而言之，当我们要强调时间顺序时，¬P不易对表达造成干扰，因此我们说"吃饭之前要洗手"而不说"没吃饭之前要洗手"。另一方面，当我们想强调"如果¬P，则¬Q"的条件关系时，也会产生"没……之前"的整合结果。但因为要强调的是P和Q之间的条件关系（如果P，则Q)，那么¬P的语义地位比"P之前"更高，所以，在这种情况下，"之前"才是赘余的，否定标记"没"具有否定义，不能被删除。

除差异外，一些赘余否定的跨语言共性也可以佐证我们的观点。比如，尽管"差不多P"和"差点儿P"在真值上都表示"很可能发生P，但P并没有发生"的状态，汉语赘余否定标记"没"只出现在"差点儿"后，而不出现在"差不多"后（沈家煊，1999：87）。法语中也可以找到类似的现象，即赘余否定标记 ne 只出现在 il s'en faut de peu que（差点儿）后面，而不出现在 presque（几乎）后面。究其原因，我们赞同沈家煊（1999）的观点，即"非常接近P"和"没P"在"差不多/ presque"和"差点儿/ il s'en faut de peu que"中处于不同的语义位置："非常接近P"是"差不多/ presque"的蕴涵义，而"非P"是"差不多/ presque"的量级含义[①]；相反，"非P"是"差点儿/ il s'en faut de peu que"的蕴涵义，而"非常接近P"是"差点儿/ il s'en faut de peu que"的量级含义。前面我们提到，蕴涵与命题的真值语义相关，相较于会话含义或规约含义，是命题核心语义中更加恒定的部分（Moeschler，2012，2013）。量级含义则与命题的真值无关，命题为真时，量级含义既可以为真也可以为假，而且它为假时也并不能影响命题的真值。下面，我们通过几个例子来验证"非常接近P"和"非P"这两个状态在"差不多/ presque"和"差点儿/ il s'en faut de peu que"中的语义地位。

(29) a. #我差点儿摔倒了，事实上真摔倒了。

　　 b. 头发差不多全白了，还确实全白了。

（沈家煊，1999：79）

---

① 通常将量级含义（scalar implicature）看作一般会话含义，它的推导依据一定的语言形式，不需要特定的语境。如"他吃了一些苹果"的一般会话含义是"他没有吃掉所有的苹果"。量级含义可以被取消。

（30）a. # Il s'en est fallu de peu qu'il meure. Va acheter un cercueil.

#'他差点儿归西了。快去买个棺材吧。'

b. Il est presque mort. Va acheter un cercueil.

'他差不多归西了。快去买个棺材吧。'

（Peyraube，1979：55）

首先，正如我们在 1.3 中提到的，"没 P"是"差点儿 P"的蕴涵义。当"差点 P"为真时，"没 P"为真。蕴涵是不能被取消的，比如，在（29a）中，当"没 P"被取消时，句子前后分句就自相矛盾了。但是，"差不多 P"中的"没 P"义项可以被取消，比如在（29b）中，"还确实全白了"表示"没 P"为假，即"没 P"被取消了，但句子仍然是合理的。这说明"没 P"只是"差不多 P"的量级含义。

同样，在法语例句（30a）中，"*ne pas* P"（他没有归西）被第二句"快去买个棺材吧"取消了，因为买棺材意味着人已经死了。前后两个分句自相矛盾，正是因为"*ne pas* P"是"*il s'en faut de peu que* P"的蕴涵，而命题为真、蕴涵为假是不可能同时出现的。但是，在（30b）中，当"*ne pas* P"被取消时，句子的表达还是自然的。因此"*ne pas* P"是"*presque* P"的量级含义。具体说来，在量级"*un peu* P，*à moitié* P，*presque* P，*tout* P"（一点，一半，差不多，全部）中，"*tout* P"（全部 P）蕴涵"*presque* P"（差不多 P），"*presque* P"（差不多 P）则隐含"¬ *tout* P"（不是全部 P）。如下例：

（31）J'ai mangé presque toutes les pommes sur la table. En fait, je les ai toutes mangées.

'我几乎吃了所有桌上的苹果。事实上，我把它们全吃了。'

"我几乎吃了所有苹果"（*J'ai mangé presque toutes les pommes*）隐含"没有吃完所有苹果"，但这一量级含义被后一句"事实上，我把它们全吃了"（*en fait*，*je les ai toutes mangées*）取消了。因为量级含义为假不影响命题的真假，所以（31）仍然是可接受的句子。

总之，¬P 在"差点儿 P"或"*il s'en faut de peu que* P"中占据了比在"差不多 P"和"*presque* P"中更突出的位置。这就印证了我们对赘余否定的生成机制提出的假设：如果否定义在词的核心语义中占据突显的位置，则说话者在说出"差点儿 P"或者"*il s'en faut de peu que* P"时容易联想到"没 P"或"*ne pas* P"，并无意识地将两个表达整合在一起（Zuo, 2015）。

　　法语的赘余否定标记发展历史也能在一定程度上为我们的假设提供佐证。法语的一般否定标记在历史上曾经就是单独的 *ne*，然而，在单用的 *ne* 还有否定义时，*ne* 的赘余否定用法就已经存在了（Stauf, 1927）。因此，法语赘余否定的产生也有可能是同义的肯定和否定表达整合的结果。后来，法语的一般否定标记逐渐演变为了 *ne ... pas*，但 *ne* 被保留下来作为了专门的赘余否定标记。但是，即使在现代法语中，也有少数 *ne ... pas* 是赘余的，如例（32）—（34）所示，触发词后的否定句用 *ne ... pas* 或 *rien ... ne* 标记，但去掉 *ne ... pas* 或 *rien ... ne* 后句子的语义也没有改变。

（32）a. Je ne pars pas avant que rien　　　　n'ait changé.

　　　　我 NEG 离开 NEG 之前 Conj. 没有什么　NEG 改变-PAST

　　　　'在没有变化之前我是不会走的。'

　　　b. Je ne pars pas avant qu'il y ait quelque changement.

　　　　我 NEG 离开 NEG 之前 Conj. 有　　一些　　改变

　　　　'在有变化之前我是不会走的。'

（33）a. Pour　éviter qu'ils ne tombent pas dans l'oubli.

　　　　为了　避免 Conj. 他们 NEG 落入 NEG　P.　遗忘

　　　　'为了避免不被遗忘。'

　　　b. Pour　éviter qu'ils tombent dans l'oubli.

　　　　为了　避免　Conj. 他们 落入　P.　遗忘

　　　　'为了避免被遗忘。'

（34）a. Prenez garde qu'elle ne se répande pas.

　　　　当心　　　　　Conj. 它 NEG 洒出来 NEG

　　　　'小心别洒出来了。'

　　　b. Prenez garde qu'elle se répande.

　　　　当心　　　　　Conj. 它 洒出来

　　　　'小心它洒出来。'

可见，现代法语中的这种赘余否定结构也能够佐证肯定和否定表达的混合形成赘余否定的论断。当然，这一构想还需要在未来进行更深入的研究，特别是针对句子否定标记与赘余否定标记的历时研究。

2.4　赘余否定的语用功能

将赘余否定解释为"无意识"的表达混合可能引起一个疑问：如果说赘余否定的生成与口误类似，都是说话者在受到认知干扰后进行的无意识的结构混合，那为什么说话者从来都不纠正赘余否定这一口误呢？事实上，我们很少因为口误使会话难以理解而去纠正它，因为口误通常不会在交流中造成沟通障碍。如下面两例：

> (35) 丈夫：12 月 24 日是几号？
>
> 　　　妻子：周三。
>
> 　　　（Zuo，2020：39）
>
> (36)（食堂点餐窗口）
>
> 　　　学生：阿姨，我要番茄炒西红柿。
>
> 　　　（阿姨帮他打了番茄炒蛋）

如（35）所示，妻子可以轻松地理解丈夫的意思是 12 月 24 日是"星期几"，而不是"几号"。这当然不是心灵感应，而是妻子在理解丈夫话语时能找到的"最合适"的解读。从关联理论的角度来说，听者会基于寻找最佳关联而推导言者的信息意图。具体说来，人的认知总是倾向于寻找最大关联（Sperber & Wilson，1995），即从一句话里获得尽可能多的认知效果，同时花费尽可能少的努力。听者虽然听到口误，但在找寻关联性的过程中还是会推导出正确的解读，因为正确的解读对听者来说才具有最大关联。比如，（36）中的学生因为纠结说"番茄炒蛋"还是"西红柿炒蛋"，而把菜名说成了"番茄炒西红柿"，但阿姨仍然理解了他想点的其实是番茄炒蛋，因为在当下的语境中（没有"番茄炒西红柿"这道菜，但番茄炒蛋每天都有），阿姨依照"番茄炒西红柿"这一线索能找到的最具关联性的解读就是"他想点番茄炒蛋"。所以，根据关联理论，通过寻求言者话语的关联性，对话者可以推断出说话者的意思。因此，口误不会带来理解上的困难，也无需纠正口误。但是，口误虽然不一定引起误解，但也并不承载着任何语用功能。在这一点上，赘余否定与一般的口误不同。江蓝生认为，"两种表意完全相同的格式出现在共时平面是不符合语言经济原则的，它们之间至少在话语—语用上一定有某种差别"（江蓝生，2008：484）。她认为汉语在词汇①和句法层面的结构整合是表达主观态度或增强表达的言外之力的一种简单而有效的方法。例如，在（37）中，"差点儿错过"用于描述客观现实而没有任何主观判断，而"差点儿没错过"除了描述事态外还表达了言者的主观态度。

（37）a. 我差点儿错过了班车。

　　　b. 我差点儿没错过班车。

但是，赘余否定到底传递了言者怎么样的主观态度呢？朱德熙（1959，1980）的"意愿说"认为，"差点儿没"中"没"的功能与说话者的意愿有关。如果命题所指的事态是说话人不希望发生的，"没"就是赘余的，如"差点儿没打碎杯子""差点儿没晕倒"。如果是说话者所希望的，"没"就具有否定义，如"差点儿没考上大学"。因此，赘余否定标记表达了说话者不希望事态发生的态度。

大部分汉语研究受朱德熙（1959，1980）的影响，也认为赘余否定标记描述了讲话者不希望发生的事态。比如，沈家煊（1999）指出，我们通常不明示"差点儿P"隐含的"没P"，如果我们将其明示化，实质上违反了格莱斯量的准则（不要提供超出需要的信息），因而产生了一个会话含义，即说话者"不希望"状态P实现。因此，说"我差点儿没开心得跳起来"时，说话者的隐含义是"不希望因为开心而跳起来"。

"意愿论"似乎不能解释所有的赘余否定。赘余否定标记不仅仅是为了强调言者"不希望"出现的事态。比如，很难说"高兴得跳起来"是说话者不希

---

① 江蓝生（2008）提出汉语在词汇层面也有概含整合的情况，如"瞎混＋胡混→瞎胡混""现今＋如今→现如今""自己＋自个儿→自己个儿"。

望发生的事。因此，保留赘余否定标记绝非偶然，而一定是受某种语用目的的驱动。我们认为赘余否定标记的出现强调的就是"事态 P 未发生（尽管有极大的可能发生）"以及与其相关的情感——如后怕、惊讶、逃脱不幸的喜悦等——不管言者希望还是不希望它发生。这样的思路更适合于解释"差点儿 P"之外的其他赘余否定的用途，例如"（没）之前……"，"否认（没）……"等。这些赘余否定结构显然强调的是事实的未发生，而不是直接表明说话者对这一事实的态度。

综上，赘余否定作为一种口误没有被纠正，是因为它揭示了说话者对 P 的主观态度，从而增强了话语的语力。换句话说，尽管赘余否定是由于认知—心理干扰而出现的，并且在话语中不是必须的，但它可以起到提供非命题信息和加强情感效果的功能，因此没有被删除，而是被保留下来，成为了一种特殊的否定结构。不过，也有研究者坚持认为一些语言（如法语）中的赘余否定在语用上没有任何作用。我们认为，赘余否定标记的出现源于无意识的认知干扰，本身确实没有承载任何说话者主观上的语用或交际目的。但是，有的语言在长期出现赘余否定表达的过程中，逐渐将其与不出现赘余否定标记的结构作了区分，借由赘余否定标记突显主观态度。然而，有的语言未在长期的语言使用过程中形成类似的约定俗成的观点，它们可能赋予"无意识"形成的赘余否定结构其他的功能，比如，法语将赘余否定作为评判语言使用是否正式，或语言使用者对法语掌握程度的标准。

2.5 小结

本章首先对比了多种语言的赘余否定，梳理了赘余否定结构的共性与个性，并排除了基于句法和词汇的个性。基于赘余否定在认知语用方面的跨语言共性，赘余否定产生于"无意识"的结构混合，即在认知干扰下，言者无意识地将一个肯定表达和与它意思相近的否定表达混合为了一个含有赘余否定标记的表达。强调赘余否定形成的"无意识性"有助于解答为什么赘余否定标记并不总是出现在触发词之后；这一假设也在多语语料中得到了印证。

至于哪些含有否定义的词可以成为触发词，哪些不能，有两个主要因素在起作用：首先，否定义在触发词词义中的突显性决定了言者在表达时是否很容易联想到否定表达，进而受到认知干扰。通过分析各种语言中常见的触发词可发现，否定义可能是触发词的明示义、蕴涵义、规约义等，它们都是核心语义中相对突显或稳定的含义。其次，不同语言系统的规约化用法存在差异，所以并不是含有较为突显的否定义就一定会成为赘余否定的触发词。

在赘余否定句的理解上，如果语境信息不足，赘余否定可能会产生歧义。一些语言可以借助语态或句法特征等排除歧义，但一些语言（如汉语）没有与赘余否定搭配的词汇—句法标记，且赘余否定标记与一般否定标记相同，可能会产生歧义。不过，赘余否定的实际使用一般都有具体的语境可参考，因此较少产生理解障碍。究其原因，听者在接受到明示刺激后会根据自己的认知语境寻找话语的关联性，只要语境信息足够，听者还是能够提取到相关信息去正确理解言者的话。

最后，导论中提到，否定标记无否定义的句子除了赘余否定外，还包括感叹否定，即感叹句中出现无否定义的否定标记。如下面三例：

（38）Che cosa non　ha　fatto Gianni!　　　　　　　（意大利语）

　　什么 事情 NEG 助动词　做　专名

　　'Gianni 做了什么啊！'

　　（Delfitto & Fiorin，2014：284）

（39）Wie groß sie nicht ist!　　　　　　　　　　　（德语）

　　多么　高　她　NEG 是

　　'她太高了！'

　　（同上：288）

（40）Cossa no ghe　dise-lo!　　　　　　　　　　　（帕多瓦语）

　　什么　NEG 他（间宾）说-他（主语）

　　'他对他说了什么啊！'

　　（同上：287）

（38）—（40）中的感叹句均包含一个羡余否定标记，都属于"感叹否定"。与赘余否定相同的是，去掉这个否定标记，不影响句子的真值和语义。前人的研究已从语义和语用两方面探究了感叹否定的特点。语义方面，他们指出感叹否定与一般逻辑否定的区别在于前者不能触发否定极性词或者限制肯定极性词[1]（Abels，2007；D'Avis，2002；Delfitto & Fiorin，2014；Portner & Zanuttini，2000）。语用方面，已有研究认为感叹否定表现了说话者对出乎自己意料的事态的情感和态度（Abels，2007；D'Avis，2002；Delfitto & Fiorin，2014；Portner & Zanuttini，2000）。他们还指出感叹否定的命题内容应该是说话者已有认知的一部分（Abels，2007；D'Avis，2002），换句话说，就是感叹句的命题内容对说话人来讲是旧信息，不是新信息。

我们认为，感叹否定和赘余否定虽然都与一般否定不同，不改变命题真值，不触发否定极词，但二者仍有本质上的区别：首先，赘余否定只强调事态的未发生，不强调事态的发生与说话人的期待相反。其次，赘余否定有触发词，且触发词包含否定义，但感叹否定没有触发词，也未发现命题本身隐含否定义。最后，感叹否定一定是与感叹语气一起出现，表达了说话者感叹的情绪，赘余否定并不一定带有感叹的语气。因此，感叹否定很可能具有和赘余否定不同的生成机制，接下来的章节将分析其生成机制，进而分析其语用功能的由来。

---

[1] 否定极性词（NPI）和肯定极性词都是只出现在某一种语法极性环境下的词项。否定极性词只出现在否定环境中，如：法语的 du tout（完全不）；英语的 at all，any，ever；汉语的"丝毫""一点"。肯定极性词（PPI）只出现在肯定环境中，如法语的 quelques（一些），英语的 some，already。参见 Giannakidou（1998）。

否定标记不改变真值的结构主要包括元概念否定和元语言否定，它们都是元表征否定的分支。接下来，我们先介绍元表征否定、元概念否定和元语言否定的定义。

3.1 元表征否定及其分支

Sperber & Wilson（1995：232）指出语言分为描述性用法和阐释性用法。表征是对事态的描述，是语言的描述性用法，元表征则是基于另一个表征的表征，即阐释性用法。如图 3－1 所示，表征 1 是描述（即表征），表征 2 是元表征。元表征用法建立在表征 2 与表征 1 内容或形式的相似性上。

表征 2 ⎱ 语言形式 / 思维表达

表征 1 ⎱ 语言形式 / 思维表达 / 客观事态

图 3－1　表征和元表征

一个表征不仅可以对话语进行阐释，也可以对命题和思维进行阐释。如（1a）进行阐释的对象是话语，（1b）是思维，（1c）是命题：

(1) a. 他说："先定一个能达到的小目标，比方说我先挣它一个亿……"

b. 他心想："该做的都做了，其他的就听天由命吧！"

c. "地球绕着太阳转"是真的。

一般否定（即描述性否定）位于表征层面，是关于客观事态的否定性描述。我们将位于元表征层面的否定定义为"元表征否定"，它不是对客观事态的描述，而是针对一个已有表征的否定，即反驳已有表征的语言形式或内容。根据元表征否定的对象，可以将其分为反驳已有表征内容的"元概念否定"和反驳已有表征语言形式的"元语言否定"。下面我们具体介绍两类元表征否定的界定。

3.1.1 元概念否定和元语言否定

所有的元表征都建立在与表征的相似性上，可以是元语言相似（metalinguistic resemblance），如（2a），也可以是阐释性相似（interpretative resemblance），如（2b）：

（2）a. 老师说："80%的学生及格了。"

　　b. 老师说大多数学生及格了。

（2a）和老师的原话"80%的学生及格了"具有语言形式上的相似性，即元语言相似；（2b）和老师的话只是内容上相似，即阐释性相似。涉及元语言相似的否定被定义为"元语言否定"，而与被反驳的表征具有阐释性相似的否定被定义为"元概念否定"（metaconceptual negation）或"阐释性否定"（interpretative negation），比如：

（3）— Tu manges le viande？

　　　你 吃　ART 肉

　　　'你吃肉吗？'

　　— Je ne mange pas LE viande，je mange LA viande.

　　　我 NEG 吃 NEG ART-阳肉　　我　吃　　ART-阴肉

　　　'我不吃肉（阳性冠词），我吃肉（阴性冠词）。'

（4）—我前两天还跟你打电话来着。

　　—不是前两天，是前两个月。

　　（Zuo，2020：62）

法语中 viande（肉）是阴性，应该与阴性定冠词 la 搭配，而不是与阳性定冠词 le 搭配，因此（3）是元语言否定，它是对一个已有表征的语言形式的反驳和修正。（4）是元概念否定，它反驳的是已有表征的内容"前两天"。然而，基于两类相似性的分类似乎并不准确，因为元语言否定也可以反驳已有表征的隐含内容，而元概念否定也涉及已有表征的语言形式，如下面两例所示：

  （5）元语言否定：

    张三：玛丽喜欢古典乐。

    李四：玛丽不是喜欢古典乐，是热爱古典乐。

  （6）元概念否定：

    张三：玛丽喜欢古典乐。

    李四：玛丽不喜欢古典乐，她觉得古典乐很乏味。

  张三的话隐含玛丽（仅仅是）喜欢，但不热爱古典乐；这一量级含义被李四取消了。对量级含义的否定是典型的元语言否定，但被否定的其实是已有表征的隐含内容，并不像（3）一样单纯否定语言形式。在例（6）的元概念否定中，为了反驳张三话语的内容，李四重复了张三的话，所以也可以说李四反驳了张三话语的语言形式。因此，基于语言形式相似性和内容相似性来划分元表征否定似乎不甚严谨。

  那么，对已有表征的否定到底应该怎样分类呢？我们先来看前人的研究对元语言否定的定义。Horn（1985：121）认为元语言否定"必须被看作对先行话语的拒绝——包括它的规约含义或会话含义，它的拼写、风格和语域，或者是语音形式"①。可见，Horn 在定义元语言否定时并没有区分内容（包括规约或会话含义）和形式（包括拼写、风格和语域，或者是语音形式）。为什么这样的定义也符合元语言否定的特征呢？当隐含内容的产生依赖于语言形式时，否定隐含内容本质上还是在否定语言形式。比如，（5）中李四的话相当于"我认为'玛丽喜欢古典乐'这一表达方式不合理，因为玛丽'热爱'古典乐"。当我们

① *The marked use must be treated ... as a device for objecting to a previous utterance on any grounds whatever — including its conventional or conversational implicata, its morphology, its style or register, or its phonetic realization.* （Horn, 1985：121）

提到表达方式时，指的就是语言形式，而非内容。正如 Ducrot（2001）指出的，对已有话语的预设或表达程度的否定是语言层面上的否定。

另外一个论据是，当我们要否定一个话语的预设、规约含义或一般会话含义时，我们往往可以通过否定语言形式来实现。比如，"法国国王不是秃子"换成"阿曼国王不是秃子"后，其预设"法国有国王"就不存在了。"规约含义"是直接附着在特殊语词上的含义。比如，"He is an English man, he is, therefore, brave"一句中的"therefore"产生了规约含义"An English man is brave"，如果"therefore"没有了，这一规约含义在句子中也不复存在了。一般会话含义的推导依据一定的语言形式，不需要特定的语境。如"他和一个女人一起吃饭"的一般会话含义是"这个女人不是他的老婆/女儿/妈妈等熟人"，一般会话含义产生于非定指的"一个女人"。以上现象意味着这三类隐含内容与语言形式密切相关。因此，已有研究对元语言否定的定义尽管不准确，但也不算错误。然而，元概念否定的定义似乎存在问题。正如上文中提到的，元概念否定不涉及与语言形式相关的隐含内容，如预设、规约含义和一般会话含义。那么，除了明示内容外，元概念否定还涉及什么类型的内容呢？我们认为，对特殊会话含义的否定属于元概念否定，而非元语言否定。Chapman（1996）的分析支持了这一观点，他指出元语言否定不能否定"特殊会话含义"，比如：

（7）张三：这个房间不透气呀。

李四：窗子不能开，太冷了。

张三的话语产生了特殊会话含义"我们需要把窗打开"，而李四的话否定了这一含义。特殊会话含义完全取决于语境，不受语言形式的影响（与特殊会话含义的不可分离性①相关）。因此，话语的隐含内容可分为两个部分：（i）预设、规约含义和一般会话含义在语言层面上；（ii）特殊会话含义在内容层面上。元概念否定除了反驳已有表征的明示内容，还可反驳已有表征的特殊会话含义。

综上所述，两种元表征否定可做如下描述：元语言否定针对已有表征的语

---

① 特殊会话含义具有"不可分离性"：特殊会话含义是依附于话语内容的，如果不改变语境和话语的内容，只是改变话语的形式，特殊会话含义是不能被消除的。比如，（7）中，张三说"屋里有点闷"，"屋里有霉味儿"，"我需要新鲜空气"等都可以带来特殊会话含义"我们需要把窗打开"。

言形式（包括依赖于语言形式的隐含内容）；元概念否定针对已有表征的显性内容和与已有语言形式无关的隐含内容（即特殊会话含义）。根据这一定义，在接下来的部分，我们将分别对元概念否定和元语言否定进行分析。

3.1.2　元表征否定的共性

元表征否定的概念是在关联理论的基础上提出的。在关联理论之外，也有研究提出了类似的概念并总结了不同类别的元表征否定的共性，下面我们将介绍一些代表性的观点。

首先，Ducrot（1984）将否定分为了三类：描述性否定（négation descriptive）、元语言否定（négation métalinguistique）和辩驳性否定（négation polémique）。正是从 Ducrot 开始，元表征否定开始得到了关注。但是，Ducrot 本人并未使用"元表征否定"这一术语，他将元语言否定和辩驳性否定都称作"争执否定"（négation conflictuelle）（Ducrot，2001），并指出这类否定不用于表示对立（opposition），与描述性否定有本质上的区别。Ducrot（2001）认为争执否定指所有对先行话语进行修正的否定句。作为争执否定的分支，元语言否定取消预设或者提高谓词的量级，而辩驳性否定则保留预设或降低谓词的量级。Ducrot 的元语言否定和辩驳性否定如下面两例所示：

(8) 元语言否定

    a. Les enfants de Pierre ne sont pas grands, ils sont très grands.

       '皮埃尔的孩子们不是高，而是非常高。'

    b. Il n'a pas arrêté de fumer, car il ne fume jamais.

       '他没有戒烟，因为他从来不抽烟。'

(9) 辩驳性否定

    a. Les enfants de Pierre ne sont pas grands.

       '皮埃尔的孩子不高。'

    b. Il n'a pas arrêté de fumer.

       '他没有戒烟。'

Ducrot 的争执否定和元表征否定非常类似，它们都用于反驳并修正已经存在的表达。但是争执否定只涉及两类情况，即量级的增减和预设的保留或消除，因此并未涵盖元语言否定和元概念否定的全部类型。此外，Ducrot 对否定的分析建立在他的"复调理论"①上，在阐释上难免显得抽象。

另外一种类似元表征否定的思路是 Schlöder & Fernández（2015）提出的"语用反驳"（pragmatic rejection）。他们认为，如果一个话语构成了反驳的言语行为 A，但在语义层面上不存在一个与 A 对应的肯定表达，此话语就构成了语用反驳。他们进一步将语用反驳划分为了三类：对含义的反驳（rejection-of-implicature）、借助含义的反驳（rejection-by-implicature）和对预设的反驳（rejection-of-presupposition）。上文提到，对已有表征规约含义和一般会话含义的反驳为元语言否定，对已有表征特殊会话含义的反驳为元概念否定，所以对含义的反驳既属于元语言否定也属于元概念否定。此外，借助含义的反驳也可能既属于元语言否定，也属于元概念否定，如下面两例：

（10）元语言否定

A：It's your job.

B：It's our job.

（Schlöder & Fernández，2015：252）

（11）元概念否定

A：That's brilliant.

B：Well，I thought that was quite good.

（同上：251）

（10）中 B 的回答"这是我们的工作"隐含了"这不仅仅是我的工作"，反驳了 A 话语的量级含义"这仅仅是你的工作"，从而形成了借助含义的反驳（le rejet par l'implicature）。同样，（11）中 B 的话语隐含义"这仅仅是好（quite good），还不到棒极了（brilliant）的程度"，反驳了 A 的话（That's brilliant），

---

① Ducrot 的复调理论（la théorie polyphonique d'énonciation）认为话语中不只一个声音，而是几个声音。因此争执否定是一个声音对另一个声音的反驳。参见 Saussure（2006a，2006b）对 Ducrot 的复调理论和关联理论的元表征所作的对比。

也形成了借助含义的反驳。此外，根据 2.1 的分析，第三种反驳，即对预设的反驳（le rejet de la presupposition）属于元语言否定。所以，Schlöder & Fernández（2015）提出的语用反驳的概念涉及元语言否定和元概念否定，也与元表征否定密切相关。

最后，Albu（2012a，2012b，2017）接受了 Sperber 和 Wilson 关于元表征的理论，认为描述性否定是对语言描述性用法的实现，而对已有表征的反驳是语言阐释性用法的体现。她着重分析了反驳已有表征明示内容的元表征否定，实质上就是本章所说的元概念否定或阐释性否定。她指出元概念否定的典型形式是"not X，but Y"，包括对已有表征的显性、隐性否定和修正句。在政治话语语料基础上，Albu（2012a，2012b，2017）指出了元概含否定具有塑造自我形象的重要功能。她认为元概念的否定形式"not X，but Y"可以创造新认知或修正已有认知，从而改变受众的认知语境，帮助政治家塑造积极的自我形象。

以上观点均在一定程度上概括了元表征否定在功能和形式上的共性。根据 2.1 的分析，我们认为从本质上来看，元概念否定还具有以下两个共性：

第一，元表征否定是没有真值性的，因为它不是描述事态，而是反驳已有表征。尽管大多数元概念否定都涉及明示内容，即原表征的真值语义内容，但它是对已有表征的反驳而不是描述真实事态。

第二，无论是元概念否定还是元语言否定，都是"回声性"的。根据关联理论，使用元表征来表达说话者对原始表征的态度就是语言的回声性用法（echoic use）（Sperber & Wilson，1995）。回声性表征与引用的不同之处在于，回声性表征的主要目的不是向对方传达原表征，而是展现说话者对原表征的形式或内容的态度（Noh，1998）。如（12）所示：

（12）张三：教授说只有50%的学生通过了考试。
　　　李四：什么？只有50%的学生通过了考试?!

在对话（12）中，张三的表述是引述，通过重述教授的话，他可以将信息传递给李四。但是李四对张三的回应是回声性表征，因为李四想要表达他对张三所言的惊讶或怀疑，而不是传递信息。元语言否定和元概念否定实质上都是回声性表征，因为它们旨在表达说话者对已有表征的形式或内容的解离态度。如（13）所示：

（13）张三：情况基本属实。

李四：这不是基本属实，是完全属实。

王五：这不是基本属实，是一派胡言。

李四和王五的话都是针对张三话语的元表征，区别在于李四拒绝采用张三话语的语言形式，而王五则拒绝接受张三话语的明示内容。

还需强调的一点是，元表征不一定针对一个说出来的话语，还可以针对一个命题或想法。而且，这个命题或想法不一定是他人的，也可以是说话者本人的。以下两例分别为针对说话者自己想法的元语言否定和元概念否定：

（14）本来，我是可以让你上车，把你捎带一程。不，也许不止你一个。

（沈家煊，1993：321）

（15）为什么总是那么幼稚呢？你又不是小孩，你今年都18岁了！

（Zuo，2020：65）

在（14）中，说话者否认"只带你一个人一程"，这是前一句"把你捎带一程"产生的量级含义。此含义并没有被说出来，只是说话人自己的想法，随后他用"也许不止你一个"否定了自己的这一想法。在（15）中，说话者认为对方很幼稚，像个小孩，随后他自己否定了自己的想法，指出对方已经成年，不再是一个小孩。

综上，作为元表征否定的两个分支，元概念否定和元语言否定具有两个基本属性：非真值性和回声性。这两个特征存在于语义—语用界面，与句法关系不大，具有跨语言的共性。在各语言的个性方面，元概念否定和元语言否定差异较大，我们将在接下来的小节分别对它们进行分析。

3.2 规约化的元概念否定结构

正如 Albu（2012a，2012b）指出的，元概念否定的基本形式是"not X, but Y"。尽管每种语言有自己的句法结构，但元概念否定普遍遵循这一逻辑式，因此，在语言形式上，极少有研究提出元概念否定的个性问题①。事实上，汉语中存在一些规约化的否定结构，可以被看作元概念否定的"个性"形式。在已有的汉语研究中，很多文章或著作已经提到了元概念否定在汉语中的特殊形式，如"不是 S + V + NP"，"好不 + Adj/Adv"等，只是这些研究均未指出这些表达具有"元概念否定"的本质，也未发现汉语中的这些规约化用法与其他语言中的元概念否定的共同点。我们先来看汉语研究的相关成果。

3.2.1 已有研究概述

虽然不少研究分析了汉语的"不是……，而是……"结构，但不同于英语的"not X, but Y"或法语的"ne pas ... mais ..."，"不是……，而是……"结构并没有被看作元概念否定。不少研究认为，当"不是……，而是……"涉及语言形式时，它属于元语言否定，当它涉及真值条件时，属于描述性否定（邵敬敏 等，2010；王志英，2012；宗守云，2012）。这种观点是有问题的，因为使用"不是……，而是……"是由于已有表达不适宜，需要反驳和修正。不管是语言形式还是内容不适宜，都是对已有表征的反驳。当"不是……，而是……"否定已有表征的与语言形式无关的内容时，它是元概念否定，而不是描述性否定。赵旻燕（2010）关注到了被反驳的已有表征的真值条件。与其他研究不同，赵旻燕（2010）指出真值条件不是元语言否定和描述性否定的分水岭。她认为触及某表征真值条件的否定也是"元语言"否定，因为它针对的是已有表征本身而不是已有表征所描述的真实事态。以下是赵旻燕（2010）的一个例句：

---

① 这也是为什么在"元概念否定"的分析中，本研究较少提到除汉语外的语言的句法特征，也较少涉及多语语料。

（16）这些隐蔽的"台独"言论绝不是什么"小动作"，更不是所谓的"本土化"，而是处心积虑的"去中国化"。

赵旻燕指出，虽然（16）的命题"这些隐蔽的'台独'言论是'小动作'"的真值也被否定了，该句反驳的仍是表达的不适宜性，因而句子本质上仍然是元语言否定。赵旻燕的观点与 Carston（1996，1998）一致，后者认为元语言否定也是真值性的，即可以改变被否定的表征的真值。但是，Carston 和赵旻燕的观点也并非没有问题：首先，她们列举的涉及真值的元语言否定同时也否定了语言形式，在这些例子中，否定真值更像是否定语言形式带来的不可避免的影响。此外，类似（16）的否定虽然确实触及了真值，但它也明显地不同于典型的元语言否定句（如（3）、（5）、（8））。其实，被 Carston 归于"元语言否定"的否定句都采用了回声性用法，但除此之外就没有其他明显的共同点了。考虑到这些问题，可以认为区分"元语言否定"和"元概念否定"比将它们笼统地一并归入"元语言否定"的类别要更合理。

汉语研究还强调了规约化结构体现出的主观性。比如，乐耀（2011）指出主观性在"不是 S + V + NP"习语化的过程中起到了关键性的作用：一方面，"不是 S + V + NP"中的谓语动词——如威胁、生气、责备等——必然涉及言者的主观态度；另一方面，"不是 S + V + NP"后总是接一个表达言者对听者态度的句子。言者使用"不是 S + V + NP"正是为了否认这一态度，以避免对听话者造成冒犯或引起反感。比如，（17）中后半句表示批评，但为了否定自己有批评的态度或意图，言者使用了否定结构"不是 S + V + NP"：

（17）不是我批评你，你也太粗心了。

因此，"不是 S + V + NP"的使用依赖于言者的交际目的，与言者的主观性密切相关。

汉语研究的另一个侧重点是分析规约化结构的语用功能。沈家煊（1994）指出"好不 + Adj"和"好 + Adj"虽然语义相同，但前者语力强于后者。规约化的否定结构除了加强语力外，也可以降低语力。比如，郝琳（2009）在分析"不是 S + V + NP"的功能时对描述性否定、元语言否定和"不是 S + V + NP"

中的"不是"进行了对比，发现"不是"在这些否定结构中的功能各不相同：

> (18) a. 我不是批评家。
>
> b. 你不是马虎，是太马虎了！
>
> c. 不是我说你，你也太马虎了！
>
> （郝琳，2009：39）

（18a）是描述性否定，"不是批评家"就是最基本的系表结构，"是"在此句中充当系动词。（18b）中，"是"突显了否定句与修正句的对比，这一功能常常出现在汉语元语言否定中[①]。（18c）是本章关注的元概念否定结构"不是……，而是……"。郝琳（2009）指出，"不是"在"不是 S + V + NP"中是语用标记，它的功能在于指明言者的主观态度。"不是"作为否定标记在此句中的作用是调节语力，而非改变命题真值。Ran（2013）提出"不是 S + V + NP"是一种元语用结构，其功能是基于交际者的共有知识及反思进行话语调节。元语用结构并不构成说话者想要传达给听话者的语义信息，它只是引导听话者去识别语义信息。Ran（2013）还认为"不是 S + V + NP"在交际中具有调节人际关系的功能，是一种减弱语力的策略。

简言之，已有汉语研究在分析规约性否定表达的产生及功能时都强调了主观性，但还没有意识到这些表达的"元概念否定"性质。因此，我们可以思考这样一个问题：否定标记为何能够表达主观性并调节语力呢？下一节将从元概念否定的角度分析汉语中的规约性否定结构"不是 S + V + NP"和"好不 + Adj"，并通过分析这两个规约化的元概念否定结构回答上述问题。

3.2.2 不是 S + V + NP

本节中分析的"不是 S + V + NP"与典型的元概念否定形式（即"不是……，而是……"）不同，前者不是反驳一个已经做出的陈述，而是言者认为听者会有某种潜在的想法并意图否定这一想法而做出的辩驳。它主要用于交

---

① 第四章将在对元语言否定的分析中详述"是"的这一功能。

际中的自我辩解。

这类"不是 S + V + NP"结构中的 V 具有非常明显的语义特征，主要分为三类：

- V 隐含针对听者的消极语力，如批评、谴责、侮辱、威胁、恐吓等。
- 从言者的角度来看，V 代表着积极语力，例如吹嘘、荣耀等。
- V 表示言者的不良情绪或负面的心理状态，例如生气、失望、害怕等。

（19a）—（19c）分别代表这三种情况：

（19）a. 不是我威胁你，而是你太粗鲁。

b. 不是说大话，这事很快可搞定。

c. 不是抱怨，你实在虚伪得很。

（Ran，2013）

此外，"不是 S + V + NP"还可呈现为两个主要结构，即"不是 S + V + NP，（而是）……"和"不是 S1 + V + NP，S2 + V' + N'P"，其中 V 和 V'，NP 和 N'P 可以相同。我们分别将它们标记为结构 1 和结构 2。这两个结构都否定了言者认为听者会产生的想法或陈述，只是在否定辖域内涵括了不同的元素。下面的例（20）属于结构 1，（21）属于结构 2：

（20）不是我批评你，你的表现太让人失望了。

（21）不是我批评你，大家都批评你。

结构 1 中的"不是 S + V + NP"后面可以跟"而是……"，看上去类似于典型的元概念否定"not X, but Y"。但是，汉语规约结构"不是 S + V + NP，而是……"中两个命题之间的逻辑关系与"not X, but Y"并不相同。在典型的"not X, but Y"中，X 和 Y 的语义是相反的，或至少是不同的。但在"不是 S + V + NP，而是……"中，"不是 S + V + NP"之后的命题并不与 V 相反，而正好是 V 的具体体现。比如，在（19a）中，"你太粗鲁"暗指言者将有所对抗：尽管言者宣称他没有"威胁"，实质上仍然是表达了威胁的态度。在（19b）中，言者虽然声称自己不吹牛，但实际上说"这事很快可搞定"就是有吹牛之嫌。在（19c）中，当说话者说"你实在虚伪得很"时，尽管他先前声明自己没有抱怨，但他表现出的态度正是抱怨。此外，冒犯性语言行为还可能以间接方式产生，如下例：

（22）不是我批评你，做事要认真。

"做事要认真"更像是建议，而非批评。但是，"做事要认真"隐含了对方不认真，其实还隐含着批评。

已有研究指出了"不是 S + V + NP"是降低语力的语用结构，它不改变话语的真值，但可以调节人际关系（乐耀，2006；郝琳，2009；Ran，2013）。但是，正如我们在上一节中提到的，他们没有解释为什么否定标记可以表达主观态度或者调节语力。换句话说，已有研究将"不是 S + V + NP"视为掩盖言语行为真实意图的规约化路径，但没有研究这种路径的生成机制。乐耀（2006）从认知角度解释了"不是 S + V + NP"的产生。他指出，交流是对话者认知领域的互动。对话者必须在自己的认知范围内做出判断，预测或纠正对方的想法，以促进良好的沟通过程。从这个意义上说，出现"不是 S + V + NP"是因为讲话者预计后面的话语将不被对话者所接受，并且会阻止交流的顺利进行，因此希望通过使用"不是 S + V + NP"来纠正沟通方式。乐耀的解释是合乎逻辑的，但我们还必须解释，如果"不是 S + V + NP"并未否认 V 的产生，那它否定的到底是什么。与前人的研究不同，我们认为"不是 S + V + NP"是一种元概念否定，它拒绝了说话人预计听话人可能会有的想法或可能会说出的话。

首先，第一个命题中的"不是"并不否认言语行为的产生。例如，（20）中的"不是 S + V + NP"并不否认批评的产生。那么"不是"究竟否认了什么呢？我们认为"不是"否定的是听者在听到紧随"不是 S + V + NP"之后的话语时，可能会产生的想法或陈述。因此，"不是 S + V + NP"实质上构成了一个元概念否定：因为要说出某种会令听者反感的言论，言者预料到自己的话可能会引起听者的排斥，基于这一考虑，言者在冒犯性话语引起听者的排斥之前先否认了这一话语的行事之力（illocutionary force），亦即这句话的目的。上述过程可以做这样的描述：

(23) a. "不是我批评你，你的表现太让人失望了。"

　　　言者：你的表现太让人失望了。

　　　听者：你无权评判我。/你在批评我？/我不接受这样的批评。

　　　言者：我不是批评你。

　　b. "不是说大话，真是很快可搞定。"

　　　言者：真是很快可搞定。

　　　听者：别说大话了。

　　　言者：我不是说大话。

　　c. "不是我生气，你的表现太失常。"

　　　言者：你的表现太失常！

　　　听者：你别生气。

　　　言者：我不是生气。

　　想象一下（23a）中的对话。言者很可能否认他在批评听者，以此为自己辩护。因此，在言者提出批评之前，先说出"不是我批评你"，预先否认听者可能产生的想法，从而避免冒犯听者。同样，在（23b）中，听者可能会认为言者在自夸。为了否认这一点，言者预先提出了"不是说大话"的解释。在（23c）中，言者预测听者会从他后面的话推断出自己在生气，因此他首先否认了这种潜在的想法。

　　总之，在"不是 S + V + NP，而是……"结构中，被反驳的是言者认为听者将会产生的想法或话语的内容。此内容可以是显性的，也可以是隐性的（即特殊会话含义，如（22））。通过这种"前置"的否定，言者希望使听者相信，他想通过话语表达的意图并不是听者想象的那样。有时，为了使自己的意图更加明确，言者会使用情态动词，例如"想""要"等，比如：

(24) 不是我想批评你，你的表现实在太让人失望了。

　　　产生此语句的过程可以分解如下：

　　　言者：你的表现实在太让人失望了。

听者：你想批评我？

言者：我不想批评你。

言者很可能预料到听者的回应，将"我不想批评你"的解释提到"批评"的言语行为之前，如（24）所示。这种情况下，言者所进行的不是元概念否定，而是描述性否定。因为"我不想批评你"是对真实事态的描述，而不是对某个表征的反驳。

综上所述，我们可以按以下方式解释元概念否定结构"不是 S + V + NP"的生成：在某些言语行为引起听者的排斥或对人际关系产生负面影响之前，言者预测到了听者可能的反应，并预先利用"不是 S + V + NP"进行自我辩解。"不是 S + V + NP"显然不是事实，因为紧随其后的命题表明言者正是在发出 V 的言语行为。Ran（2013）表示，"不是 S + V + NP"偏离了"所言即所为"的言语行为规则，它表示的恰恰是"所言即所为的对立面"。但是，如果将"不是 S + V + NP"看作元概念否定，我们更倾向于另一种解释：由于元概念否定不涉及真值条件，因此"不是 S + V + NP"与真值无关，而紧随"不是 S + V + NP"之后的命题却是对真实状态的描述。因此，"不是 S + V + NP"和它之后的命题实际上处于不同的层面："不是 S + V + NP"在元表征层面，它之后的命题涉及对事态的描述，因此处于表征层面，这就是为什么它们看起来矛盾但可以共存。

以上是对"不是 S + V + NP"的第一个子结构（结构 1）的分析，它的另一个子结构，即"不是 S1 + V + NP，S2 + V' + N'P"（结构 2）也是元概念否定：

（25）不是我在批评你，每个人都批评你。

在结构 2 中，言者也是提前拒绝听者的想法或潜在的陈述。但是，"不是 S1 + V + NP，S2 + V' + N'P"中的否定对象是言语行为的主体而非言语目的。通过说"不是我在批评你"，言者实际上是在说"不只我，而是每个人都在批评你"。通过这种方式，言者可以推卸责任或将责任转移到他人身上。

此结构的产生过程可以在（26）中进行详细说明：

（26）言者：你的行为太令人失望了。

听者：你无权批评我。/你有什么权力批评我？

言者：不是我批评你，每个人都批评你。

结构 2 和结构 1 之间的另一个区别是前后句之间的逻辑关系。在结构 1 "不是 S + V + NP，而是……"中，前后两个部分是矛盾的，如"不是我批评你，你的行为实在让人失望"的前后两个分句一个否定 V，一个体现 V，在语义层面是矛盾的。在结构 2 中，"S2 + V' + N'P"是对"不是 S1 + V + NP"的进一步阐释。如（27）所示：

（27）a. 不是我批评你，大家都对你有意见。

b. 我不是唯一一个批评你的人，因为其他人也对你有意见。

（27a）的隐含义是（27b）。"大家都对你有意见"是我声明"不是我批评你"的原因。言者使用这种表达来减弱冒犯性话语可能引起的排斥。此外，结构 2 一般作为独立的话语，出现在冒犯性话语之前或之后，而不是像结构 1 一样与冒犯性话语同时出现，共同组成一个言语行为。

总之，"不是 S + V + NP"是元概念否定的规约性用法，因为它否定了听者潜在的想法或陈述。在此基础上，"不是 S + V + NP"的两个结构要么表明"言者不是主动要发出 V 的言语行为"，要么表明"不是'我/我们'，而是别人要发出 V 的言语行为"，其目的都是免除言者发出 V 这一言语行为的责任。具体说来，结构 1 隐含的不是"我想批评你"，而是"你的不当行为迫使我批评你"。结构 2 则隐含"不是我想批评你，而是每个人都想批评你"。因此，言者想让听者相信，批评听者是客观事态导致的结果，而不是言者的主观动机。显然，"不是 S + V + NP"作为一种语用策略，可以削弱表达的语力并调节人际关系。不过，需要指出的是，作为一种主体化①的语用策略，"不是 S + V + NP"并不一定能达到减轻冒犯的作用，在某些语境下可能还会适得其反，例如：

---

① "主体化"指的是语言经历演变或采用适当的结构来展示主观性的过程；"主观性"是指自我表达以及话语中对言者观点或看法的表述（沈家煊，2001：268）。详见第六章。

(28) A：你听我说，你不许挂断电话，你敢挂电话，我找你拼命。

我不是威胁你，我急了什么都做得出来……

B：我也告诉你，我不怕威胁。

(Ran，2013：106)

此例中除了元语用结构"我不是威胁你"，其他话语都带有明显的威胁语气。听者在接收这些信息时，无法相信言者真的不是威胁他，因此"不是 S + V + NP"在这种语境下失去了其缓解冒犯的功能。由听者的回答可知，他仍然感到了冒犯，并且产生了很强的负面情感反应。第六章将进一步讨论听者对特殊否定结构的解读。

最后，除了"不是 S + V + NP"，汉语中还有很多类似的元语用标记，它们不会对命题的真值语义产生直接的影响，只是用于体现说话者的立场、态度、情感。比如，张谊生（2022）讨论了"你还别说""我不骗你""不瞒你说""你不知道""你没看见"等带有否定标记的元语用表达，指出它们并没有对"知道""看见""说"等进行严格意义上的语义真值否定。这些固化的否定表达形式都被用于实现一定的人际功能，表达立场、情绪或者协调气氛。[①]功能上，这些表达形式中的言说动词作为一个构词成分出现，都失去了作为动词的基本语法功能，比如，不能在它们后面出现"了""着""过""来着"等表达时或体的虚词，不会出现"一次"等动量词（方梅，2019）。我们认为张谊生（2022）总结的这些元语用表达本质上也可看作元概念否定。"你还别说"否定的是言者预计听者要提出的反对意见，如"你还别说，限时服务还真有赔偿……"否定的就是言者预计听者在接收到他的话后会有的想法，即"限时服务有赔偿不是真的"。同样，"不瞒你说""你不知道""你没看见""我不骗你"都是预设了听者对言者即将说出的话语的不信任或者怀疑。同"不是 S + V + NP"一样，言者总是在说出可能被质疑的内容之前先说出这些固化的否定表达，以避免被反驳。比如，言者说"我不骗你，她这么希望是对的……"，正是因为他预料到听者不相信"她这么希望是对的"，或认为言者是在欺骗他，才预先说出"我不骗你"

---

① 张谊生（2022）还指出这些话语标记具有篇章衔接功能，如铺垫性衔接功能（"还真别说""君不知"），确定性衔接功能（"谁说不是呢""那就不用说了"），转折性衔接功能（"没想到""不曾想"），追加性衔接功能（"你别说""可不是么"）。

去打消听者的疑虑。本质上说，这些元语用表达中的"不""没""别"反驳的是言者认为听者会有的想法，且都是对这些想法的"内容"的不赞同，因此是典型的元概念否定。

需要强调的是，对上述否定表达的探讨是针对其最初的生成机制而言的。简单地说，就是解答"这些含否定标记的元语用表达是如何产生的"以及"我们为什么要使用否定表达来显示主观立场、情感或者调节语力"。如今，这些否定表达在长期使用的过程中已经规约化了，产生了固定的"短路含义"（Short-Circuited Implicature）[1]。人们在使用这些元概念否定时已经不能明显地感觉到正在反驳一个已有表征，而只是意识到这些表达具有降低语力、避免冲突的语言功能。不过，这并不代表它们最初的生成机制无因可循。

最后，除了降低语力的作用外，规约化的元概念否定还有增强语力，加深情感表达的作用。下面将介绍汉语中的另一个规约化的元概念否定结构"好不 + Adj"。

3.2.3 好不 + Adj

相比于"不是 S + V + NP"，"好不 + Adj"的语义更为复杂，因为"不"是否定的还是羡余的取决于"好不"后面的形容词、副词或动词的词义。由于"好不"后接词的词性对生成机制的分析影响不大，我们仅选取"好不 + Adj"的结构作为代表来分析。

首先，"好不 + Adj"中的"好"为程度副词。"好不 + Adj"有两种解读："不"有否定义或者没有否定义。

先来看"不"有否定义的情况，这时"好不 + Adj" = "好 + 不 Adj"：

（29）好不安分 = 好 + 不安分

好不讲理 = 好 + 不讲理

好不礼貌 = 好 + 不礼貌

---

① Morgan（1978）提出的短路会话含义（Short-Circuited Implicature）指原本需要推导的特殊会话含义在实际应用中可以直接得出，不必经过计算过程。短路会话含义主要是为了解释间接言语行为，即基于习惯用法的表达。如："Can you pass me the salt?"直接表达"Pass me the salt."。

好不高兴＝好＋不高兴

好不自在＝好＋不自在

再看"不"没有否定义的情况，即"好不＋Adj"＝"好＋Adj"：

(30) 好不蛮横＝好蛮横

好不奇怪＝好奇怪

好不伤心＝好伤心

好不热闹＝好热闹

好不聪明＝好聪明

好不高兴＝好高兴

好不自在＝好自在

此外，还有一些表达既可以解读为否定义也可以解读为肯定义，比如"好不高兴""好不自在"。例如，(31) 中"好不高兴"由于语境不同可以有两种不同的解读：

(31) a. 他考上了大学，好不高兴。

b. 他丢了钱包，好不高兴。

(31a) 中的"好不高兴"相当于"好高兴"，"不"是赘余的；而 (31b) 中的"好不高兴"是带否定义的。另外一个与"好不＋Adj"结构相关的现象是，"好＋Adj"作为没有否定标记的肯定结构，有时需要解读为反语，即相当于"好不＋Adj"，比如 (32)：

(32) 好讲理 → 好不讲理

好安分 → 好不安分

好公平 → 好不公平

简言之，对于所有贬义形容词，副词"好不"等于"好"，"不"没有否定义，如"好不奇怪""好不糊涂""好不蛮横"。相反，"好不"在该应（deontic）形容词前有否定义，例如"好不合理""好不安分""好不礼貌""好不公正""好不讲理"等。

在对"好不 + Adj"的三种情况进行概括之后，我们发现了几个问题。首先，为什么"不"在一些"好不 + Adj"结构中有否定义，但在另一些情况下是羡余的？其次，为什么"好 + 该应形容词"要作反语解读？此外，当"不"没有否定义时，为什么要选择"好不 + Adj"而不是"好 + Adj"？

沈家煊（1994）已经回答了前两个问题。他首先基于 Brown & Levinson（1987）的礼貌原则解释了"好不 + 该应形容词 = 好 + 不 + 该应形容词"的现象。根据礼貌原则，当言者对听者进行负面评价时，听者的"积极面子"——即得到别人的赞同和喜爱的意愿——会受到威胁。言者可以通过两种方式表明他的负面评价：一方面，他可以直接或间接地表达对听者欲望或个人品质等方面的不满；另一方面，可以指出或暗示听者的观点是错误的、不合理的。为了维护听者的积极面子，说话者会避免直接使用贬义词，而使用更加委婉的表达，削弱对听者的潜在冒犯。例如，我们说"不太喜欢"，而不说"讨厌"，说"不太聪明"，而不说"笨"。同样，批评某人不讲理时，我们会使用"不讲理"，而不是"蛮横"；这使得"不"和"讲理"之间的联系日趋紧密，以致"不"几乎成为了否定前缀，所以"好不讲理 = 好 + 不讲理"。但是，要称赞某人时，我们倾向于直接使用褒义词而不是"不 + 贬义词"。例如，要说一个人通情达理，我们不会说"不蛮横"；这使得"不"和"蛮横"之间的联系非常松散。因此，在"好不蛮横"中，"好不"似乎变成了一个强度增加的双音节副词，"好不蛮横"等于"好不 + 蛮横"，"不"在这里是没有否定义的。

至于"好 + 该应形容词"要作反语解读的现象（例如，"好讲理"表示"好不讲理"），沈家煊（1994）认为反语解读体现了 Sperber 和 Wilson 提出的语言的"回声性用法"。他指出当说话者重复别人的话语并同时加入自己不认同的态度时，就会出现反语。并且，根据礼貌原则，他表明反语通常是用褒义词表示消极态度，因为直接使用贬义词容易引起对方的排斥。因此，当程度副词"好"与诸如"讲理""诚实""礼貌""公平"这样的形容词搭配时，都要作反语解读。相反，我们不使用贬义词来表达积极正面的态度，所以"好蛮横""好任性""好愚蠢"等是不作反语解读的。

沈家煊（1994）还用回声用法解释了"好不+贬义形容词"作肯定解读的现象。他指出，"好"作为程度副词在此结构中代表了说话者对"不+贬义形容词"的不赞同态度。"不+贬义形容词"是被回声化的内容，即元表征的内容，所以"好不+贬义形容词"应当解释为"好+'不+贬义形容词'"。但是，沈家煊（1994）只对"好不+贬义形容词"做了简要分析，也没有解释"好不+一般褒义词（区别于该应形容词）"的生成机制，例如"好不兴旺""好不热闹"等。接下来，我们将尝试从元表征角度解释"好不+贬义形容词"和"好不+一般褒义形容词"中羡余否定标记"不"的产生。

我们注意到，诸如"好不兴旺""好不热闹"这样的"好不+一般褒义形容词"也是作肯定解读的，即"不"没有否定义。但是，这些形容词似乎与礼貌原则无关。礼貌是关于面子和自我评价的，它可以用来解释"好不+该应词"。但是，诸如"高兴"和"热闹"之类的词语用于描述心态或事态，与对人的评判无关。因此，"好不+贬义形容词"和"好不+一般褒义形容词"的结构都需要礼貌原则之外的分析。另外，由于"不"没有否定义，因此我们还需要解释"不"在"好不+Adj"中的作用是什么，也就是说，为什么我们选择"好不+Adj"而不是"好+Adj"。

一些研究者试图从历时的角度解释这个问题。他们指出含有羡余否定标记"不"的"好不+Adj"一开始仅适用于贬义词，随着该表达的使用逐渐广泛，它开始适用于一般褒义词。因此，"好不+Adj"实际上已经被语法化了（袁宾，1984；何金松，1990；孟庆章，1996）。但是，一般褒义词在语义上与贬义词截然不同，除了历时的含义变化外，我们还是需要解释"好不+一般褒义形容词"作肯定解读的原因。

我们认为这一现象可以从元表征的角度进行分析，即假设"好不+贬义/一般褒义词"的结构产生于讽刺。根据 Sperber 和 Wilson 的关联理论，讽刺即言者回声表征他人或自己的表征（话语、思想或命题等）并加入解离（dissociative）的态度（Wilson & Sperber，2012；Wilson，2006）。作为元表征的一种，讽刺也建立在与已有表征的语言形式或内容的相似性上，如下例所示：

（33）英国人 Peter 刚从美国回英国。

Peter：Well，I need some tom [eiDouz].

Mary：Oh，you need some tom［eiDouz］.

（Noh，1998：127）

(34) 张三：巴黎是一座宁静的城市。

李四：（带着讽刺的语气）巴黎真是一座宁静的城市。

（33）中 Mary 的讽刺建立在与 Peter 的话语言形式的相似上，通过回声表征 Peter 对 *tomato* 一词的美式发音，Mary 表达了对 Peter 模仿美国人口音这一行为的讽刺。而（34）中李四的讽刺建立在与张三的话话语内容的相似上，李四并不认同张三所言的内容，通过回声表征了张三的话并加入讽刺语气，他表达了自己对张三观点的解离态度。

基于讽刺的"回声性"特点，上一节中提到的反语（即"好 + 该应形容词"）也属于讽刺，因为"好讲理"表示"好 + 不讲理"。反语与讽刺的区别在于，反语与礼貌原则相关，通常使用褒义词来表达贬义，而讽刺还可以使用贬义词来表达褒义。所以，"好不 + 贬义/一般褒义词"也可看作回声引述"不 + 贬义词或一般褒义词"并加入解离态度。接下来将进一步分析讽刺意味与否定有何关系，并回答为什么"好 + 该应形容词"可以同时被视为元概念否定和讽刺。

已有一些研究将讽刺视作否定的一种形式。从 Grice 的传统观点看，通过讽刺，言者所说的话与他想要表达的意思是相反的，也就是说，言者通过"讽刺"来否定他的话语所表达的命题内容。具体说来，讽刺违反质准则，造成了与言者"所言"相反的会话含义（Grice，1975，1989），因此讽刺是一种间接否定。Giora（1995）和 Giora et al.（1998）也将讽刺看作对命题内容的否定，但他们认为讽刺的解读过程要求听者同时处理否定的信息和隐含的信息。从回声性用法的角度看，讽刺也与否定密切相关：讽刺显示了言者对已有表征的解离或不赞同的态度，这也是否定态度的一种表现。除了上面的两例讽刺外，还可以从更多的例子中看出讽刺中的否定态度：

(35)（小明考了 99 分，小红只考了 80 分，小明却说："我考得很一般。"）

小红看到小明的分数后说：确实很一般呢！

(36)（李四对张三说今天的聚会很热闹。但当他们走到聚会的场地时，发现没有几个人参加）

张三：真热闹啊！

（Zuo, 2020：83）

(37)（李四和张三去看演出，李四说演出是免费的，不用买票，但张三不相信。到了剧院门口，看到了演出免费的公告后）

李四问张三：你买票了吗？

（同上）

（35）中，"确实很一般呢"隐含"考得不好"，而对小红来说，小明其实考得很好。此例中，小明的话程度不够，而小红对小明的话进行了回声性表征，并加入了解离的态度。因为"考得不好"是"考得很一般"的量级含义（即一般会话含义），而量级含义与语言形式（"一般"）相关，因此，（35）和（33）一样，是基于语言形式相似性的元语言否定。

（36）中，张三回声表征了李四的话语，并对其明示内容表达了解离或不赞同的态度。与（34）一样，（36）是典型的讽刺形式。（37）中，"你买票了吗"这一问题隐含"看演出需要票"，这一隐含义在当下的语境中是不适宜的，因为演出不需要票。因此，言者回声表征"你买票了吗"是为了对其特殊会话含义"看演出需要票"加入解离的态度。可见，（36）和（37）都是基于与语言形式无关的内容的否定，即基于阐释性相似的元概念否定。

综上所述，讽刺本质上是对已有表征表达解离和不赞同的态度，具有回声性用法的特点，实质上就是元表征否定。接下来将论证"好不＋形容词"也是讽刺的一种形式，而且属于元概念否定。先来看两个例子：

(38)"好不蛮横"

张三：我可一点不蛮横。

李四：你好"不蛮横"啊！

(39)"好不热闹"

张三：人不多，不热闹。

李四：（看到人山人海）好"不热闹"啊！

在（38）中，李四的态度与"我可一点不蛮横"的陈述语义相反。通过重复张三的话并使用程度副词"好"和感叹词"啊"，李四表达了他的不赞同和讽刺。在（39）中，张三告诉李四晚会并不热闹，但当李四看到真实的情况时，他的感叹"好不热闹啊"与他之前的想法相反。可见，贬义词或普通褒义词可以与程度副词"好"结合起来，形成基于元概念否定的讽刺，即对已有想法或陈述进行元表征，并加入解离的态度。

对话形式的（38）和（39）是说明"好不＋贬义词"或"好不＋一般褒义词"是讽刺和回声性用法最理想的例子。但是，在大多数情况下，（38）和（39）中被反驳的表征并不是已经说出的话，而只是归于他人或说话者本人的想法。例如，在（38）中，李四可能在张三说出话语前就预感到对方的话，并预先说出"你好不蛮横"以表明态度。（39）中，李四没有料到场面会如此热闹，他的话也可能是对自己的已有想法，而不是对他人话语的反驳。

总之，言者通过添加程度副词"好"来表示他对想法或话语的反驳态度，从而形成讽刺。在这种讽刺中，言者想表达的语义与他所回声表征的话语、想法或命题的语义相反。也就是说，"好不＋贬义词"或"好不＋一般褒义词"要解读为"好＋不＋贬义词"或"好＋不＋一般褒义词"。"好"在引用的内容中添加了讽刺意味，实际上表达了相反的含义。例如，（38）中的"好不蛮横"实际上是指"好蛮横"，（39）中的"好不热闹"则指"好热闹"。从这个意义上说，"好不＋贬义词"或"好不＋一般褒义词"类似于双重否定：它表达了对已有的否定表达的否定态度。这就是为什么它们在语义上表达肯定意义。

借助此分析，还能解释为什么言者选择含有羡余否定标记的"好（不）＋Adj"，而不选择"好＋Adj"。因为"好不＋Adj"是一种讽刺，所以总是伴随着讽刺的语气。"好不＋Adj"也可看作双重否定，言者选择添加赘余的"不"来增强表达的语力，使"好不＋Adj"的语力强于"好＋Adj"。还需注意的是，"好不"之后的形容词只能是双音节的。这种现象可以用韵律学解释："好不"是双音节的，而"好"是单音节的，当后面跟一个双音节的形容词时，"好不＋Adj（双音节＋双音节）"比"好＋Adj（单音节＋双音节）"更加平衡。冯胜利（2000）提出的汉语"韵律句法"可以验证这一假设，本研究不再对此进行详述。

总之，基于礼貌原则，已有研究解释了为什么"好不＋该应词"中的

"不"具有否定义。从元表征的角度，本章回答了有关"好不＋形容词"的其他问题："好不＋贬义词"或"好不＋一般褒义词"可以解释为"好＋不＋贬义词"或"好＋不＋一般褒义词"，其中"不＋形容词"是言者回声表征的对象，而程度副词"好"则加入了言者对其回声表征的内容的讽刺态度。因此，具有讽刺意味的"好不＋形容词"实质上构成了双重否定，这就是为什么"好不＋贬义词"或"好不＋一般褒义词"在语义层面上等于"非常＋贬义词"或"非常＋一般褒义词"，以及为什么"好不＋形容词"在语用层面比"好＋形容词"语力更强。

在接下来的部分，我们将把"好不＋形容词"结构与同样含有羡余否定标记且同样可以表示讽刺态度的"感叹否定"进行比较，以分析感叹否定的生成及其语用功能的由来。

3.3 感叹否定与元概念否定

我们在导论中提到，否定标记无否定义的结构除了赘余否定外，还包括感叹否定，即感叹句中出现羡余否定标记，如下面几例：

(40) Che   cosa non   ha fatto Gianni!（意大利语）

    What   thing. NEG   has. done Gianni

    'What has Gianni done！'

    (Delfitto & Fiorin，2014：284)

(41) Wie groß sie nicht ist!（德语）

    how tall   she   NEG   is

    'How tall she is！'

    (Roguska 2007：5)

(42) No ga-lo magnà tuto!（帕多瓦语）

    NEG has eaten everything

    'He has eaten everything！'

    (Portner & Zanuttini，2000：206)

（43）¡（No）se lo habré　　　　dicho veces esto!（西班牙语）

　　　　NEG him it have + FUT. 1sg told　times this

　　　'I must have told him this so many times!'

　　　（Espinal，2000：48）

（44）How often have I not watched him!（英语方言）

　　（40）—（44）中的感叹句均包含一个羡余否定标记，都属于"感叹否定"。去掉这个羡余否定标记不影响句子的真值。已有研究认为，感叹否定在语用方面表现了说话者对出乎自己意料的事态的情感和态度（Abels，2007；D'Avis，2002；Delfitto & Fiorin，2014；Portner & Zanuttini，2000）。他们还指出感叹否定的命题内容应该是说话者已有认知的一部分（Abels，2007；D'Avis，2002）。语义方面，已有研究认为感叹否定与一般逻辑否定的区别在于前者不能触发否定极性词或者限制肯定极性词（Abels，2007；D'Avis，2002；Delfitto & Fiorin，2014；Portner & Zanuttini，2000）。

　　根据本章对"好不+形容词"的分析，我们认为感叹否定的这些语用和语义特性与本章所讨论的讽刺一致，原因有二：首先，在感叹否定中，说话者的期望与现实背道而驰。在了解到现实情况后，或者，在现实成为"言者认知的一部分之后"，言者会注意到该现实与自己的期望有很大的出入。因此，可以假设说话者是回声表征自己原本的预期并对其加入解离的态度，从而产生讽刺意味。例如，在（41）中，说话者预期"她"不高。当言者发现"她"很高时，他回声表征了自己先前的想法并通过感叹加入了解离的态度，实质上是形成了讽刺。这与基于元概念否定的"好不+形容词"非常类似，即先回声表征一个话语、想法或命题，再加入解离态度和讽刺语气。其次，正如我们在上一节中提到的，由于感叹否定表达了对否定表征的解离态度，所以感叹否定在结构上形成了双重否定。双重否定在逻辑语义上等于肯定，因而不能触发否定极性词和阻止肯定极性词，这一点同样也体现在"好不+贬义/一般褒义形容词"上。

　　德语的感叹否定句可以为我们的假设提供一定的佐证。如果德语的 alles（所有，全部）与感叹否定一起出现，只有当否定标记 nicht 出现在 alles 之前时，句子是含有羡余否定标记的感叹否定句，如（45）。当否定标记 nicht 位于

alles 之后时，它是具有否定义的一般否定标记，如（46）。

（45）a. Was sie nicht alles gelesen hat!

      what she NEG all read has

      'What she read!'[①]

   b. Wen Peter nicht alles eingeladen hat!

      who Peter NEG all invited has

      'Who has Peter invited!'

      （Delfitto & Fiorin，2014：290）

（46）a. Was sie alles nicht gelesen hat!

      what she all NEG read has

      'What she has not read!'

   b. Wen Peter alles nicht eingeladen hat!

      who Peter all NEG invited has

      'Who has Peter not invited!'

      （同上）

    对照"不是 S＋V＋NP"和"好不＋adj"可以发现，当对一个命题进行回声性表征并对其加入解离态度时，规约化的结构往往倾向于把否定标记（或者带否定语义的词）放在回声表征的成分之前。比如，汉语母语者说"好不蛮横"，而不说"不好蛮横"，因为回声表征的成分是"不蛮横"；同样，我们说"不是我批评你"，不说"我不批评你"，突出对"我批评你"这一表达的反驳。在德语感叹否定中，否定标记出现在 *alles* 之前时，*alles* 是元表征内容的一部分。比如在（45a）中，回声表征的是言者之前的表达，即"她读过的书不多"，而整个感叹否定在此表征基础上加入了解离和讽刺的态度，因为言者惊讶地发现她把所有书都读了。同样，（45b）中，言者用否定标记反驳了自己之前的想法"Peter 没有邀请很多人"，因为她发现 Peter 邀请了所有人，与自己之前的预期不符，并且对这一事实感到惊讶。

---

① 由于原例的行间标注与翻译均为英语，此处未再翻译为汉语，下文同。

总而言之，可以认为"不是 S + V + NP"、"好不 + 贬义或一般褒义词"及其他一些语言中的感叹否定句都来自元概念否定：它们都是回声表征一个已有的话语、想法并加入自己的解离态度，从而形成讽刺意味。

3.4　小结

元表征否定表示对已有表征的拒绝或反驳，它又分为两个子类别：元语言否定和元概念否定。元语言否定拒绝已有表征的语言形式，包括依赖于语言形式的隐含内容。元概念否定反驳已有表征的明示内容以及与语言形式无关的隐含内容。

针对元概念否定，本章利用汉语的两个规约化元概念否定结构"不是 S + V + NP"和"好不 + Adj"分析了元概念否定的生成机制和语用功能。"不是 S + V + NP"是言者认为听者在听到冒犯性话语后会产生某种想法或陈述，并预先在冒犯性话语说出之前对听者的想法进行了否定。这一结构的语用功能是防止或削弱言者的话语对听者造成的潜在冒犯。同样，从元表征的角度看，"好不 + 贬义/一般褒义形容词"也是元概念否定。本章论证了其生成的两个步骤：首先，回声表征"不 + 贬义/一般褒义形容词"，其次，对这一表征加入解离态度和讽刺态度。"好不 + 贬义/一般褒义形容词"中的"不"在表征层面上是羡余的，但是在元表征层面上是有否定义的，即否定一个已有表征。这一点与德语、意大利语等语言中的感叹否定类似。本章通过对比"好不 + Adj"和感叹否定句的语义、语用特征提出了感叹否定也是元概念否定的假设，但这一推断还需要在以后的研究中进行深入的验证。

元概念否定是汉语界较少提的概念，甚至有很多研究认为否定分为元语言否定和描述性否定两类，没有意识到元概念否定的存在。通过本章的分析可以看到，元概念否定对汉语中规约化的羡余否定表达"好不 + Adv/Adj"具有解释力。事实上，元概念否定还和双重否定的一些特征相关，第五章将做进一步介绍。在此之前要先分析元表征否定的另一个分支：元语言否定。

元语言否定指反驳已有表征的语言形式以及依赖于语言形式的隐含内容的否定。不同语言的元语言否定在结构或形式上有所区别。本章将首先介绍元语言否定的跨语言共性及其在不同语言中的形式差异，进而分析其差异产生的原因，并探讨元语言否定的生成机制以及其语用功能的由来。

4.1 元语言否定的跨语言共性

上一章提到，法国语言学家 Oswald Ducrot 最早区分了描述性否定、元语言否定和辩驳性否定。事实上，Ducrot 一开始并没有明确区分元语言否定和辩驳性否定，而是仅将否定分为了描述性否定和元语言否定两类，其中元语言否定涵括了辩驳性否定（Ducrot，1972，1973）。根据 Ducrot 的说法，描述性否定和元语言否定的区别主要体现在两个方面：第一，描述性否定是对否定内容的陈述，它没有反驳的功能。比如"今天万里无云"是描述无云的晴朗状态，而不是否定"今天天上有云"的已有表征。第二，描述性否定总是保留预设并推翻论值（valeur argumentative）。一个话语的论值并不取决于它提供的信息，而是取决于它所导致的"强制性"后续。比如"彼得勉强挣了一千块"和"彼得挣了快有一千块了"的信息都是"彼得挣了大约一千块"，但第一句会导向"挣得不多"的后续，而第二句则导向"挣得很多"的后续（Habert，1982：208）。描述性否定总是推翻论值，如"彼得没挣到一千块"只能表示彼得挣的钱比一千块少，不能表示彼得挣的不止一千块。相反，元语言否定能够表示"彼得不是挣了一千块，而是两千块"，即保留论值，也可以推翻预设，如例（1）所示。但是，Ducrot（1972，1973）提出的元语言否定只包括"增加程度"和"推翻预设"两种情况①，不涉及对已有表征语音、拼写、语法范畴等的反驳。

继 Ducrot 之后，美国语言学家 Laurence L. Horn 从语用角度分析了元语言否定，对未来的研究产生了深远的影响。下面我们介绍 Horn 的观点。

4.1.1 Horn 对元语言否定共性的总结

Horn 对元语言否定的关注从预设否定开始。针对"法国国王不是秃子，因为法国没有国王"这样的预设否定与一般否定有何区别的问题，Horn 之前的语义学家认为这两类否定分属外部否定和内部否定，本质上是"语义歧义"。语义歧义可以用逻辑式进行表达：

(1) 内部否定：法国国王不是秃子。

$\exists x [Rx \wedge \neg \exists y [(y \neq x) \wedge Ry] \wedge \neg Cx]$（R：法国国王 C：秃子）

(2) 外部否定：法国国王是秃子不是真的。

$\neg \exists x [Rx \wedge \neg \exists y [(y \neq x) \wedge Ry] \wedge Cx]$（R：法国国王 C：秃子）

对于语义歧义的定性，语义学内部有两种观点："词汇歧义"派主张当外部否定 P'（即预设否定）为真时，内部否定 ¬P 和肯定命题 P 非真非假，即具有"中值"。而"辖域歧义"派将内部否定和外部否定统一划定为 ¬t(P)（"It is not true that P"），¬t(P) 的真假值与 t(P)（"it is true that P"）相对。因此，t(P) 非真即假，非假即真，即使预设为假，t(P) 也不会是中性的。两种观点下的真值表如下所示：

---

① 从 Ducrot（1984）起，元语言否定才和辩论性否定区分开来：元语言否定指的是取消预设或增加程度的否定。辩论性否定则保留预设并降低程度（如上一章分析的元概念否定，*it is not warm*，*it is cold*）。

表 4-1: 词汇歧义				表 4-2: 辖域歧义		

P	¬P	P'
V	F	F
F	V	V
N	N	V

P	t(P)	¬t(P)
V	V	F
F	F	V
N	F	V

除了语义歧义派内部的分歧外，语义歧义的说法还受到了单义说的挑战。单义说就至少两个方面提出了质疑：一方面，内部否定蕴涵外部否定；例如，如果内部否定"法国国王不是秃子"为真，那么外部否定"法国国王是秃子为假"肯定也为真，这就说明内部否定和外部否定在语义上并没有真正的区别。另一方面，尽管许多语言有一种以上的否定形式来区分不同的句法、语义甚至抽象功能——如法语的 *ne … pas/point/personne/jamais/plus/aucun/rien/guère*[①]，汉语的不/没/别——但没有任何语言用专门的否定标记来区分内部否定和外部否定。根据奥卡姆剃刀定律，单义派主张外部否定和内部否定并无本质上的差异。

Horn 既不同意语义歧义也不赞同单义说，他认为否定的"歧义"不是语义层面的，而是语用层面的，是由用法不同导致的。元语言否定是语用上的有标记用法[②]，不应将其视为语义或真值条件算子。Horn（1985）提出包括"预设否定"在内的一部分否定无关真假，属于元语言否定。它们是对已有话语的会话含义、规约含义、词形、风格、语域或发音的否定（Horn，1985：121）。元语言否定的典型例子如下所示：

（3）a. Some men aren't chauvinists — all are chauvinists.

b. They didn't have a baby and get married, they got married and had a baby.

c. He didn't call the [pòlis], he called the [polis].

---

① 以上否定标记主要是在语义上存在区别：*ne … pas*（不）/*ne … point*（一点也不）/*ne … personne*（没有人）/*ne … jamais*（从不）/*ne … plus*（不再）/*aucun … ne*（谁也没有）/*ne … rien*（什么也没有）/*ne … guère*（几乎没有）。

② 根据标记理论，一个范畴内部存在两种不对称现象。通常来说，特殊用法属于"有标记"用法，一般用法属于无标记用法。详见沈家煊（1998）。

d. She is not Liz; she is your Majesty.

(Horn，1989：370－373)

（3a）的前半句"Some men aren't chauvinists"隐含"it's not that all men are chauvinists"，这个一般会话含义被后半句"all are chauvinists"否定了。（3b）否定的则是规约含义：因为"and"连接先后发生的事件，所以"They had a baby and got married"隐含他们先有孩子后结婚的事件顺序，这一规约含义被后半句"they got married and had a baby"否定了。（3c）否定的是 *police* 一词的发音，而（3d）否定的是对伊丽莎白女王的称谓的适宜性。Horn 认为所有元语言否定的类型都可以归结为"我反对 U，U 是具有语言形式的话语"（I object to U，where U is an utterance with linguistic form）。Horn 的元语言否定有以下特征：

● 否定句之后一定有更正句。

● 两个分句在逻辑上是矛盾的。

● 元语言否定一定要经过两次处理才能得到正确理解。

● 元语言否定在语音上不同于描述性否定（如（3d）中前半句的重音在"Liz"上，而描述性否定"She is not Liz"的重音在"not"上）。

除了以上共同特征外，Horn 还提出了元语言否定的三个判断标准：不能包含否定前缀，不能触发否定极性词，出现在由"而是"连接的对比分句中。

4.1.2　Horn 的观点引发的争论

Horn 的观点给后来的元语言否定研究带来了很大启发，但同时也引起了不少质疑。这些质疑主要来自三个方面：否定的性质（真值性和歧义性），元语言否定的分类，以及元语言否定的特征和判断标准。

首先，在否定的真值性和歧义性方面，Burton-Roberts（1999）指出 Horn 的语用否定实质上并没有反对语义歧义论中的词汇歧义派，原因有二：一方面，词汇歧义派认为预设为假的话语是不适宜于表达的（non-assertable），且这类话语的否定不是描述性的。另一方面，词汇歧义派认为预设的取消是一种语用处理。这两种观点都与 Horn 的语用歧义说不谋而合。Burton-Roberts（1999）因此认为在对预设否定的处理上，词汇歧义派与 Horn 的观点是一致的。

在预设否定的界定上，Carston 既反对 Horn 的观点，也反对词汇歧义派的观点。她与 Grice 观点一致，不认为预设是在语义层面上被保留，在语用层面上被删除的。相反，她认为预设在语义上能够被消除，而在语用层面上，由于交际双方要遵守合作原则和方式准则，预设则被保留了下来。

语义层面：not［the F is G］（取消预设）
语用层面：The F is not-G（保留预设）
（Carston，1998：315）

Moeschler（1997）也指出 Horn 的语用歧义自相矛盾：一方面，Horn 认为否定的真值性用法是描述性否定，非真值性用法是元语言否定，这一说法暗含了"描述性否定是语义否定，元语言否定是语用否定"。另一方面，Horn 声称描述性否定和元语言否定的区别是用法上的区别，因此否定的歧义是语用歧义。所以，Horn 其实是同时站在了两个互相矛盾的立场，既主张"否定的歧义是语义上的歧义"，又声称"否定的歧义是语用上的歧义"。Noh（1998）和 Van der Sandt（2003）也认为 Horn 的语用歧义其实就是语义歧义。Horn 陷入了语用和语义分界的陷阱。他的语用歧义无法和语义分开，因而不能很好地回答否定是歧义的还是单义的。

此外，否定算子的非真值性也引起了争议，如 Burton-Roberts（1989a，1989b），McCawley（1991）和沈家煊（1993）支持 Horn 的观点，认为否定算子在元语言否定中不具有真值性，而 Carston（1996，1998，1999），Geurts（1998），Noh（1998），Van der Sandt（1991）则认为即使在元语言否定中，否定算子也是有真值的。

至于否定的分类，Horn 认为否定预设、隐含义（主要指对量级含义的否定）或其他语言特性都属于元语言否定。然而，一些语言学家指出，这些否定类型的属性不同，不能归为同一类别。例如，Geurts（1998）主张命题否定、预设否定、隐含否定和语言形式否定有不同的机制。Carston（1996，1998，1999）也对预设否定与量级否定做了区分，她指出量级否定有语义上的矛盾，即修正句隐含肯定句。例如，（3a）中的"all are chauvinists"隐含了被否定的

"some men are chauvinists"，与否定分句 "some men aren't chauvinists" 产生了语义矛盾。但是，预设否定的否定情况并非如此，比如"法国没有国王"并不隐含"法国国王是秃子"。Moeschler（2015）也在语用和语义两方面区分了元语言否定：语义方面，对量级含义的否定不涉及原有的肯定命题，而是涉及它的隐含义，在这种情况下，修正句蕴涵肯定句（如"完全属实"蕴涵"基本属实"）。在预设否定中，预设和话语都在否定算子的辖域内。此时修正句蕴涵否定句和预设的否定（如"法国没有国王"蕴涵"法国国王不是秃子"和"'法国有国王'为假"）。语用方面，在对量级含义的否定中，否定句和修正句是对照关系，由"而是"连接，如"他不是聪明，而是聪明绝顶"；预设否定中的否定句和修正句是解释关系，由"因为"或"既然"连接，如"他儿子没有出国，因为他没有儿子"。

此外，Horn 指出元语言否定可以反驳已有话语的非真值方面（比如隐含义）或语言特征，因此似乎所有非真值元素都可以成为元语言否定针对的对象。但是，Chapman（1996）指出，元语言否定只能反驳与话语的语言形式直接相关的元素，不能反驳非语言元素，如重音，或完全取决于上下文的元素，如特殊会话含义。比如：

（4）——这屋子里好热。

　　——我不想去开窗。

"我不想去开窗"否定了上一句的特殊会话含义"你去开个窗吧"。Chapman（1996）认为（4）中的否定不是元语言否定，因为特殊会话含义完全取决于语境，而非话语的语言形式。

Horn 提出的三个判断元语言否定的标准也受到了质疑。Chapman（1996）指出否定极性词或否定前缀都并非与元语言否定不兼容。如果否定极性词与元语言否定出现在同一层面，而不是作为元表征内容的一部分，则否定极性词可以出现在元语言否定中。同样，如果带有否定前缀的词并不是元语言否定的焦点，则否定前缀可以与元语言否定共存。如（5）中两例元语言否定句所示：

（5）a. The car isn't old at all; it's antique.

b. It's most unlikely that he'll have two points — it's more likely to be three or even four.

(Chapman，1996：393)

(5a) 可以解释为 "it is not at all appropriate to say that this car is 'old'; you should say that it is antique" （完全不应该说这车旧，而应该说这车是古董）。这意味着，否定极词 at all 是在元语言层面上，而不是元表征内容的一部分。同理，在 (5b) 中，元语言否定的焦点是 "two" （两个）。因此，除了 "two" 以外，其他元素都可以附加否定前缀，因此带有否定前缀的 unlikely 可以出现在元语言否定 (5b) 中。

汉语研究在经历了最初的引介阶段后，也开始反思 Horn 元语言否定理论的不足。袁毓林 (2000) 认为元语言否定不包括预设否定，主张句子否定不能否定自身的预设。张克定 (1999) 则提出否定句和修改句中的两个成分 x 和 y 除了要具有相同的词汇性质和语法功能外，还要有词义上的联系，否则，它们构成的否定只能是一般否定，不是语用否定，比如 (6)：

(6) 夏天在记忆中不是热，而是热闹。

（张克定，1999：64）

基于本书前文的分析，我们知道，(6) 其实不是一般否定，而是元概念否定。不过，张克定提出的这一条元语言否定限制条件是值得关注的，类似 (6) 的否定句确实不是元语言否定，因为 "热" 和 "热闹" 不构成级差关系，也不是针对同一事物的不同表达方式。此外，他还提出，元语言否定的解读要基于具体的语境，这一点也是前人的研究未提出过的，第六章的讨论将具体说明语境及个人认知环境在元语言否定解读中的重要作用。

综上所述，Horn 对元语言否定的研究在后续研究中得到了进一步发展，但同时也受到了质疑。然而，虽然很多研究指出了 Horn 理论的不足，但它们并未对否定的性质提出更有力的解释。只有 Carston 提出的单义说从关联理论的视角提供了新的论据，下面将介绍 Carston 的观点。

4.1.3　Carston 的观点

　　Carston 的观点以 Sperber & Wilson（1981）的元表征（metarepresentation）概念为基础，认为语言的使用可分为两种类型，一种是基于事实的描述，即表征，另一种是基于另一个表征的表征，即元表征（见图 3 - 1）。

　　Carston 认为否定的两种用法都在否定算子的辖域之内，只是处于否定辖域的内容不同而已：描述性否定将"客观事态"（state of affairs）置于否定辖域内，而元语言否定是将"表征"（representation）置于否定辖域内。由于否定算子只有真值函数算子一种，因此否定是单义的（Carston，1996，1998，1999）。

　　此外，Carston 还举例说明了 Horn 提出的所谓元语言否定的普遍特征并不必然存在。首先，在以下三种情况下，否定句获得元语言解读不需要经过二次处理。

　　（7）a. 更正句在否定句之前：

　　　　　　她是非常漂亮，不是长得还行。

　　　　b. 否定焦点被加了引号：

　　　　　　我不喝"流奶"，我喝牛奶。

　　　　c. 语境信息足够导向元语言解读：

　　　　　　（甲和乙正在逛超市，他们在争论豆豉读 douCHI 还是
　　　　　　douSHI）

　　　　　　甲：看，这儿有豆豉（douSHI）。

　　　　　　乙：那不是 douSHI。

　　以上例句也不一定需要"特殊的语音"才能被解读为元语言否定。另外，在预设否定中，否定句和更正句也不是语义矛盾的。而且，正如上文中提到的，Carston 不认为预设否定是语用层面上的否定，根据她的分析，预设只有在语义层面上可以被删除，在语用层面上肯定是被保留。所以，Carston 认为 Horn 提出的元语言否定作为"标记性用法"的四个特征都不必然存在。Carston 据此得出结论：不存在诸如"I object to U"之类的特殊否定意义，元语言否定唯一

的特征就是"回声性"，即在元表征层面对已经存在的表征进行反驳和修正。

为了佐证自己的说法，Carston 列举了一些所谓"非描述性"的句子，这些句子在加上话语指示词（verb of saying）或引号后都毋庸置疑地被看作真值性的。如下例所示：

(8) a. Americans say tom［eiDouz］and Brits say tom［attouz］.

b. The correct plural of 'mongoose' is not 'mongeese' but 'mongooses'.

(9) a. Americans eat tom［meiDouz］and Brits eat tom［attouz］.

b. They're not mongeese but mongooses.

（Carston，1998：319）

(8) 中两句为典型的描述性表征，是真值性的，而（9）是典型的元语言表征，通常被认为是非真值的。也就是说没有明确的话语指示词或引号，原本具有真值性的表征就失去了其真值性。Carston 认为这一结论显然是有问题的，并由此指出，否定算子在任何情况下都只能作真值性的解读。

尽管 Carston 的单义说比传统的单义说提出了更多论据，但是直观地看，元语言否定又似乎的确不涉及真值。比如，很难说"她不是丽兹，她是女王"指的是"她是丽兹"这一命题为假。因此，否定的歧义和单义之争并没有被 Carston 终结。

赵旻燕（2007，2011）试图通过证明元语言否定标记不存在来推翻语用歧义说。赵旻燕的研究实质上是建立在对元语言否定跨语言差异的探讨上，接下来的部分将分析元语言否定在语言形式上的跨语言差异，并分析其原因。

4.2 元语言否定的跨语言差异

从上文的分析中可以看到，在英语、法语、德语等语言中，元语言否定与描述性否定相比，并无特殊的句法特征，也没有特殊的"元语言否定标志"。但是，在另外一些语言中，否定的元语言解读似乎一定要通过特定的句法形式来实现。于是，Carston 的单义说似乎可以按照以下逻辑来证明：如果存在专门用于元语言否定的否定标记，其结构完全不同于描述性否定，就能印证 Horn 的语用歧义说，如果任何语言都没有专用于元语言否定的否定标记，就支持了 Carston 的单义说。赵旻燕（2007，2011）对汉语、韩语、希腊语、阿拉伯语中元语言否定的句法形式进行了分析，目的是证明这些语言中所谓的"元语言否定标记"都并非专用于元语言否定，并以此论证 Carston 的单义说。先来看这四种语言中所谓的元语言否定标记。

(10) a. an-tali-n-ta（韩语）

NEG -跑- IN-DC

'不跑'

b. tali-ci ani-ha-n-ta

跑-NOM NEG -做- IN-DC

'不是跑'

（赵旻燕，2011：34）

(11) a. ana ma - roh - t - eʃ el-madrasa（阿拉伯语）

我 NEG- 去 -PAST. 1sg-NEG 那-学校

'我没去学校。'

b. da sami：ra meʃ zakejja - di ʕabqarejja

COMP Samira NEG 聪明- COMP 天才

'Samira 不是聪明——她是天才。'

（同上：36）

(12) a. Grafume oxi "νερω", ala "νερό".（希腊语）

写（1pl）NEG whater 但是 water

'我们不写 whater，而写 water。'

（Giannakidou，1998：51）

b. Sinithos taksidevi oxi me aeroplano ala me treno.

通常 旅游 不 在飞机 而是在 火车

'他旅游通常坐飞机而不是坐火车。'

（同上：37）

（13）a. 他不喜欢玛丽。

　　　b. 他不<u>是</u>喜欢玛丽——他是爱玛丽。

（赵旻燕，2011：33）

韩语短式否定中，否定词"an-"或"ani-"后面跟动词，如（10a）；而长式否定则用"an＋内容性动词＋名词化后缀 ci＋主动词 ha"，如（10b）。Choi（1983）和 Horn（2010）等指出短式否定多用于描述性否定，而长式否定多用于元语言否定。不过此说法并不准确，因为短式否定 an 也出现在元语言否定中，如下例：

（14）Ku salam-un naui sensayng-i <u>an</u>-i-ko, sensayngnim i-ya.

那个人　　　你的 老师　　　NEG　　　老师（敬语形式）

'那个人不是我老师，他是我老师（敬）。'

（同上：34）

赵旻燕（2011：36）提出"-ci"是元表征标记，它可以将内容动词名词化，也就是说"-ci"之前的内容不是对于世界事态的描述，而是对别人想法的阐述。

同样，埃及阿拉伯语中的句子否定有两种表达形式，一是不连续的前缀"ma-"，主动词和后缀"-eʃ"，二是连续的 *meʃ*。不连续否定标记用于动词谓语句，如（11a）。连续的 *meʃ* 则不能否定动词句，它只用于无动词句，如下面的（15a）。但是，动词否定句有时也会用连续否定标记，这时句子只能进行元语言解读，如（15b）：

（15）a. ana <u>meʃ</u> fi：el-maktab

我　NEG 在　那-办公室

'我不在办公室。'

　　　b. ana <u>meʃ</u> ʃuf-t　　el-mara- ana　ʃuft es-set.

我 NEG 看见-PAST. 1sg 那 娘们 我　看见 那 女士

'我不是看见一个娘们——我看见一位女士。'

（同上：36）

埃及阿拉伯语中的元语言否定标记似乎就是连续的 mef。但是，为了故意制造曲径通幽的效果，有的元语言否定也可以使用不连续否定标记。因此，阿拉伯语中的两种句子否定标记其实并无明确的"描述性否定"和"元语言否定"的分工。赵旻燕（2011：37）指出，所谓阿拉伯语的元语言标记，实质上是采用句法分布错位的方式来引起人们的注意，以帮助实现元语言解读。

同理，Giannakidou（1998）等研究认为希腊语的 oxi 专用于元语言否定，但赵旻燕（2011）指出 oxi 既可用于元语言否定（如 12a），也可用于描述性否定（如 12b）。赵旻燕（2011）的说法有道理，但她未注意区分元概念否定和描述性否定，因为（12b）显然是针对已有表征"他旅游通常是坐火车"的元概念否定。事实上，oxi 不能用于描述性否定，如（17a），但可以用于部分否定，如（16），也可用于元概念否定，如（12b）和（17b）。

(16) I Roxani metakomise oxi poli kero prin.

　　 the Roxanne moved. 3sg not much time ago

　　 'Roxanne moved not long ago. '

(17) a. *Oxi poli　fitites　irthan.

　　　　 not many students came. 3pl

　　　　 'Not many students came. '

　　 b. Irthan，　oxi poli　fitites　ala liji.

　　　　 came. 3pl not many students but few

　　　　 'Not many students came；only a few did. '

　　　　 (Giannakidou，1998：50)

作为句子否定标记时，有 oxi 的分句后必须出现第二个分句，Giannakidou（1998）指出 oxi 的作用是将某一特定成分焦点化，即说明回声表征中的哪一部分被否定了，这对元语言否定是很有用的句法标记，因此 oxi 是专用于元语言否定的。赵旻燕（2011）则认为这只能说明 oxi 是对比标记，不能说明 oxi 是专门的元语言标记。

再来看汉语，汉语中的元语言否定有时必须通过"是"来实现，如（13b），一些研究（沈家煊，1993；Wible & Chen，2000）据此主张"是"是汉语元语言否定特有的标记。赵旻燕（2007，2010）认为"是"在元语言否定中起明确否定焦点的作用。她指出，只有否定对象有级差意义时才需要用"是"来明确焦点。具体地说，在一个量级序列中，否定 P 项就表示否定 P 以上的项。如｛有点儿喜欢，喜欢，爱，热爱｝中，否定"喜欢"的同时，"爱"和"热爱"也被否定了。"他不喜欢玛丽"就意味着"他不爱玛丽"。所以，当需要保留 P 以上的项时（如（13b）保留了"喜欢"以上的项"爱"），就需要将否定聚焦在 P 一项上。在英语、法语中，通过否定句和更正句的对比就可以明确焦点，不需要借助其他的方式；而在汉语中，"不 P"的意义相对明确、固定，有更大的意义完整性（吕叔湘，1999：226），因此需要借助"是"来明确焦点。

综上所述，韩语、阿拉伯语、希腊语和汉语中所谓的元语言否定标记实际上都不是专用于元语言否定，它们可以用于其他否定，其他否定标记也可以用于元语言否定。已有研究也针对其他语言（如日语、马来语、葡萄牙语）做过类似论证，基本确定了"元语言标记"不存在的结论（Carston & Noh，1996；Choi，1983；Mughazy，2003；钱鹏，2022）。所以，一些语言中与元语言否定句型搭配的句法特征并不具有跨语言共性，而是每种语言的个性。接下来，我们将从认知角度分析否定歧义，并尝试解释特殊的句法形式在排除否定歧义中的作用。

4.3　三域理论下的元语言否定

为避免和 Horn 一样陷入语义—语用混淆的困境，不少研究开始尝试从认知语言学的角度来解释否定的元语言用法。比如，Fillmore（1977）认为我们可以用不同的语义框架来构建同一种情形，所以这种情形会根据语义框架的不同而引发不同的解读。如下例：

    （18）a. Jean n'est pas avare ; il est généreux.

          b. Jean n'est pas avare ; il est économe.

（18a）采用的是"吝啬—慷慨"的语义框架，它指出在这一框架内选择"avare"（吝啬）是错误的。相反，（18b）拒绝采用"avare-généreux"（吝啬—慷慨）的语义框架，而是选择在"dilpidateur-économe"（浪费—节约）的语义框架内讨论 Jean 的特点，认为 Jean 的特点是"économe"（节约）。Marmaridou（2000）也接受语义框架理论的观点，她认为"法国国王不是秃子，因为法国没有国王"这一预设否定拒绝使用"是秃子/不是秃子"这一理想认知模式（即 idealized cognitive models，ICM，参见 Lakoff，1987），因为这一模式不符合法国没有国王的事实。

但是，这种认知方法不能解释所有的元语言否定类型，且在方法上显得过于抽象。除 ICM 外，高航（2003）认为元语言否定与认知语言学的范畴化有关。他提出元语言否定也是对语句的真值（truth-value）条件进行否定，只不过在认知语言学框架内，语句的真值取决于人类的目的和对于事物的范畴化。不同语境中，说话人选择不同范畴，语句就有不同真值。元语言否定的实质是对他人关于事物范畴的判断进行否定。然而，"认知真值"这一概念有待商榷，因为真值是一个逻辑语义概念，而不是主观化的概念，如果每个人都有自己的真值判断，那真值本身就失去了存在的意义。

最近的研究中，钱鹏（2022）利用 Hopper（1987）的浮现语法（emergent grammar）解释了一般否定结构如何获得元语言否定的解读，并对不同语言中常见的元语言否定结构进行了分类。"浮现"指某个特殊的语言形式受语用动因驱动，在特定的语言场景下逐渐显现出原本没有的特定意义。这种具有突显性的意义从一开始的若隐若现发展为被用来专门表示这一意义。钱鹏（2022：221）认为，句子否定形式 Neg_0 在语用层面上会带来两种不同的语篇格局，一为独立格局 $Neg_0 + S$，二为对比格局（$Neg_0 + S$）$+ S'$。两种格局会发展出描述性否定和出现于对比格局的元语言否定$_1$；元语言否定$_1$继续发展，会分化出独立于对比格局的元语言否定$_2$。这一语法化过程需要经历多个阶段，不同的语言处于不同的阶段。英语、韩语、现代汉语处于第一阶段，即尚未通过否定词的形式来严格区分对比格局和独立格局；希腊语处于第二阶段，即已有否定词来区分两种格局，但元$_1$层次的否定词未完全成为专用的形式标记，语用上的对比格局仍起控制作用。土耳其语、马来语、印尼语处于第三阶段，即已经语法化出专用的元$_1$对比层次的否定词，但还没有语法化出元$_2$层次的专用否定词。日语处于第四阶段，此时非常规的否定标记已经按语用功能进一步分化；埃及阿拉伯语、葡萄牙语处于第五阶段，此阶段中，对比格局和独立格局的对立已经消失，原本表示元$_1$的否定词已高度浮现出元$_2$，并几乎与用于描述否定的否定词形成新的对立分布。

然而，关于第五阶段，钱鹏（2022）也指出例子极少，葡萄牙语的 *lá*/*agora* 也仅仅是有可能处于这一阶段而已。[①] 钱鹏（2022）的认知研究基于多语语料对比，且结合了历时研究，对"元语言否定"标记的发展做出了有力解释。但是，需要进一步思考的问题是，"元语言否定"标记与否定歧义说或单义说到底是什么关系？元$_1$、元$_2$否定标记的浮现——无论它们是否与描述性否定标记形成对立——对我们看待否定的性质来说到底意味着什么？此外，如果否定确实有语用歧义，这种歧义是存在于描述性否定与元语言否定（基于 Horn 和 Ducrot 的定义）之间，还是存在于其他分类之间？

回顾了认知视角下对元语言否定的研究，可以认为对元语言否定的研究还存在未完全解答的问题，还可以从认知语用的角度进一步深入分析元语言否定的生成机制。接下来的部分将利用 Sweetser 的三域理论对元语言否定，乃至否定的歧义性做出深入全面的分析。上文中提到的跨语言共性和差异将为下文的分析提供佐证。

4.3.1　三域理论

认知语言学认为，虽然世界以客观方式存在，但人类需要通过自身经验去感知和理解客观世界。Sweetser（1990）的认知三域正是建立在这一基础上。Sweetser 指出语言的使用是在三个域里进行的：最基础的是行域，即人类可以直接感知的客观世界。其次是通过隐喻建立的知域与言域。知域与主观认知和推理相关，言域与言语行为相关。Sweetser 认为语用歧义就是指一个语义值有多个功能，语用歧义产生的原因在于人的认知将词在三域内的意义或者功能联系在了一起。Sweetser（1990）对连接词（*and*，*of*，*but*）和条件状语（*if*，*even if*）的语用歧义进行了分析。如下所示：

---

① 葡萄牙语中的一般否定标记 *não* 不能用于元语言否定句，而用于元语言否定的标记 *lá*/*agora* 不用于一般否定句，且不一定要出现于对比格局（详见钱鹏，2022）。

(19) a. *If* Mary goes，John will go.

    b. *If* she's divorced，（then）she's been married.

    c. There are biscuits on the sideboard *if* you want them.

(20) a. Every Sunday，John eats pancakes *or* fried eggs.

    b. John will be home for Christmas，*or* I'm much mistaken in his character.

    c. Happy birthday *or* did I get the date wrong?

 每组中的 a 项是在行域内对客观事态的描述。b 项是言者的主观推断，属于知域。如（19b）是由 "she's divorced" 推导出 "she's been married"；if 引导的不是 "she's been married" 这一事态产生的条件，而是言者得出 "she's been married" 这一结论的条件。(20b) 中的连词连接的不是两个事态，而是作者的推断。言者从 John 的性格和习惯推断他会回家过圣诞，替换这一预期的选项就是言者对 John 的性格推断错误。c 项是言语行为，属于言域。如（19c）中 if 引导的不是餐柜里有饼干的条件，而是言者说出 "餐柜里有饼干" 的条件。(20c) 中言者虽然提问 "did I get the date wrong"，但他并不想知道答案，而是为说出 "happy birthday" 这一言语行为保留回转的余地。(20c) 可以改写为 "I say happy birthday unless I get the date wrong"。知域和言域不是对客观事态的描述，而是基于另一表征的推导或者对另一表征的元表征，因此处于元表征层面。①

 三域理论被用于解释情态动词、行为动词、复句等在不同语境下的用法（沈家煊，2003；左百瑶，2019），这些用法都属于语用歧义的范畴。Sweetser 明确提出否定的歧义是典型的语用歧义（Sweetser，1990：10），但她却未用三域理论分析否定。接下来的部分将用三域理论对否定进行深入分析。

4.3.2 三域理论下的否定歧义观

 预设否定中的否定小句和更正小句不具备语义矛盾的特点，很多研究据此

---

① Zufferey（2006，2010）从另一个角度佐证了我们的说法：她区分了语言的元交际（métacommunicatif）用法和元认知（métacognitif）用法。元交际通过处理语句的表征来关注言语行为（言域），元认知则涉及心理状态以及人类推理心理状态的能力（知域）。这两种类型都是阐释性用法，即元表征层面的用法。

认为不应该像 Horn 一样将预设否定和其他元语言否定划为一类。预设否定的确不同于其他元语言否定，因为预设否定涉及言者的推断，位于知域，而其他元语言否定只涉及已有表达语言形式的适宜性，处于言域。否定在三域内的用法如下：

(21) a. 今天不上学。

　　b. 他没有戒酒，因为他从来不喝酒。

　　c. 他不坐飞（hui）机，他坐飞（fei）机。

　　d. 他不喜欢音乐，他热爱音乐。

（21a）是行域内的描述性否定，是对客观事态的描述，具有真值性。（21b）是知域内的否定，它可以改写为"我不能得出'他戒酒了'的结论，因为他从来不喝酒"。（21c）—（21d）是言域内的否定，（21c）可以改写为"我不说'坐飞（hui）机'，我说'坐飞（fei）机'，因为'飞'的正确发音是（fei）"。（21d）相当于"我不说他喜欢音乐，我说他热爱音乐，因为'喜欢'一词的语义强度不足"。知域和言域不是对客观世界的描述，没有真值性。元语言否定涵盖了知域和言域，因而是非真值性的。

在此分析的基础上，我们可以看出 Carston 的分析存在的问题，先将前文提到过的 Carston 的例子列举如下：

(22) a. Americans eat tom [meiDouz] and Brits eat tom [attouz].

　　b. They're not mongeese but mongooses.
　　(Carston，1998)

(23) a. Americans say tom [eiDouz] and Brits say tom [attouz].

　　b. The correct plural of 'mongoose' is not 'mongeese' but 'mongooses'.

Carston 认为（22）和（23）语义相近，都有真值，不能因为（22）取消了言说动词（say）或明确阐释就认定（22）没有真值。然而，例（22）中的两句其实为元语言否定，它们本无真值，但在加上言说动词（如（23a））或明确解读（如（23b））之后，它们从言域进入了行域，从而获得了真值。否定的用法要结合具体语境来判断，言说动词或解释的加入改变了解读话语的认知域，也就改变了否定的用法，因而（22）和（23）的对比并不能说明否定都是真值性的。

另外，Carston 还认为 "he doesn't need four mats; he needs more fats" 这类句子也可以证明元语言否定的真值性。然而，这类句子其实是跨行域和言域的歧义句。类似的句子并不少见，例如（24）：

（24）Pierre m'a donné un［gato］ et Marie m'a donné un［kado］.

专名　我给了　一个蛋糕(发音) 和玛丽　　我给了　一个礼物(发音)

'皮埃尔送给我一个［gato］，玛丽送给我一个［kado］。'

（24）在行域中可理解为，皮埃尔送给我蛋糕（gâteau［gato］），玛丽送给我礼物（cadeau［kado］）。在言域内可理解为，皮埃尔和玛丽送给我的都是"礼物"，但皮埃尔把礼物的音误发为了［gato］（因为［kado］和［gato］的发音非常接近）。除了以上两例跨行域和言域的歧义句外，还有跨知域和言域、跨行域和知域的歧义句，比如：

（25）a. 他会挣钱，但是他很懒。（跨知域和言域）

　　　b. 老王回来了，因为他的包在这儿。（跨行域和知域）

　　（沈家煊，2003：198）

（25a）可以在知域内理解为"一般推测会挣钱的人都很勤快，但据我所知他很懒"，也可以在言域内理解为"他会挣钱，可以嫁给他；但他很懒，所以不要嫁给他"。（25b）可以在行域内理解为"老王因为包没拿走，所以回来了"，但也可以在知域内理解为"我知道老王在这儿是因为我看见他的包了"。总之，Carston 所谓的反例并不能证明元语言否定是真值的，只能证明否定算子是歧义的。

同样，Horn 的语用歧义与语义歧义纠缠不清的问题也可以在三域理论框架内得到解释。Horn 认为否定的歧义相当于内置歧义（build-in duality of use）（Horn，2001：370），比如：

(26) a. I just bought a new dog (canis familiaris and canis familiaris，male).

    b. Kim and Lee are married (Each of them is married and They are married to each other).

(Horn，1985：127)

可见，内置歧义无论取哪一种解释，都是与真值相关的描述性用法，都位于行域内。所以，否定歧义如果真的是内置歧义，就不能算是语用歧义，而是语义歧义。

此外，需要强调的是，虽然元语言否定都在知域或言域中，但并非所有知域和言域中的否定都是元语言否定，它们还可能是元概念否定（或元阐释否定），如（27a）是知域内的元概念否定，（27b）是言域内的元概念否定：

(27) a. 小明没挂科，因为他昨晚和我们有说有笑。

    b. 老张不是明天去广州，是下个月去。

（左百瑶，2021：53）

（27a）中，"小明没挂科"是言者根据"他昨晚和我们有说有笑"这一事实做出的推断，不是对客观事态的描述。言者甚至可能不知道小明参加了考试。只要有人说"小明挂科了"，言者都可以根据自己的推断否定这一表征。（27b）中，言者否定的是已有表征"老张明天去广州"的内容，相当于"你不能说老张明天去广州，应该说老张下个月去广州"。（27b）也不是对客观事实的否定描述。这类否定表面上看来与真值相关，其实不然：它是言者对已有表征的内容的主观判断，而不是对客观世界的否定描述。元概念否定与元语言否定的不同之处在于元语言否定针对已有表征的语言形式，而元概念否定针对已有表征的内容；它们的相同点是都处于元表征层面，不描述客观事态，都没有真值性（Noh，1998；Zufferey，2010；Albu，2012a，2012b，2017；Zuo，2020）。

综上所述，否定的语用歧义并不是存在于元语言用法和描述性用法之间，而是存在于行、知、言三域内。知域和言域内的否定处于"元表征层面"，没有真值性。

4.3.3 跨语言差异提供的佐证

我们先来看汉语中的"是"到底在元语言否定中扮演怎样的角色。汉语中的元语言否定有时必须通过"是"来实现。例如：

(28) # a. 今天天气不暖和，天气炎热。

      b. 今天天气不是暖和，是炎热。

(29) # a. 小张没有两辆车，他有三辆。

      b. 小张不是有两辆车，是有三辆。

前文提到，一些研究认为"是"是汉语元语言否定特有的标记，"是"的作用是将否定标记与焦点谓词隔离开来，以免它们形成带否定前缀的否定词或直接成分，阻止元语言解读的获得（沈家煊，1993；Wible & Chen，2000）。具体说来，通过对汉语与英语的元语言否定的对比，Wible & Chen（2000：237）提出了汉语元语言否定的限制规则："否定的元语言否定解读在否定词素与紧随其后的词素形成一个直接成分时被禁止。"这种限制仅出现在汉语中，英语不受限制，比如，"Jack doesn't like Rose; he loves her"一句中，"not"与助动词"does"，而非与紧随其后的"like"形成直接成分。但 Wible & Chen（2000）的规则并不能解释所有的元语言否定，比如：

(30) a. 她不叫丽兹，叫女王。

      b. 我们不尴尬（jianjie），我们尴尬（ganga）。

（30a）中的"不叫"和（30b）中的"不尴尬"都是直接成分，但并没有阻止否定的元语言解读。因此，传统的汉语句法学分析并不能解释"是"在元语言否定中的作用。我们在 4.2 中已经提到，对于"是"在元语言否定中的作用，赵旻燕指出"是"有聚焦的作用，即标记回声表征中的哪一个部分是否定的对象。汉语中，当否定焦点为级差词时，否定句和更正句的对比不足以明确焦点，因为汉语中"不 P"的意义相对明确、固定，有更大的意义完整性（吕叔湘，

1999：226），因此需要借助"是"来明确焦点，而在非级差词的否定中（如（30））通过前后分句对比就可以确定否定焦点。

然而，赵旻燕（2007，2011）的解释仍然存在一些问题：首先，有的否定句中虽然有"是"，但还是需要更正句才能明确焦点，如（31）：

（31）a. 他不是有三块金牌，是有四块。

b. 他不是有三块金牌，是有三块银牌。

类似（31）的元语言否定说明"是"有时并不能单独发挥聚焦作用，听者仍然需要更正句才能明确否定焦点。而且，就算"是"能够明确否定分句的焦点，仅靠否定小句也无法传递言者意图。比如，当我们听到"今天不是暖和"的时候，会感到对方还有话要说。这是因为元语言否定都是辩解性否定（沈家煊，1993：328），辩解就意味着不仅要确定焦点，还要作出修改。

其次，"是"不仅有聚焦的作用，它的出现还意味着否定句针对的是一个已经存在的表征，而不是对客观事态的描述（Teng，1978；Yeh，1995；徐盛桓，1994）。如下例中，李四的话是在否定张三的话隐含的内容"你明天会去北京"。

（32）张三：明天到北京了来个电话。

李四：我不是明天去北京。

第三个问题是，如果"是"用于聚焦，它的位置应该在被引述和修改的成分之前。那么，例（30）这类否定言者"角度"的元语言否定就不能用"是"来聚焦，因为否定焦点本身在原表征中没有明确的位置。然而，"是"仍然出现在了（33）中。

（33）不是语言变了，是人改变了语言。

（CCL）

基于上述三点，我们认为"是"在元语言否定中的作用不是聚焦，而是标记"回声性"。具体地说，"是"的出现表示该否定句是对已有表征的引述和修改，即在元表征层面上引述另一表征并加入言者的主观态度。因为"不 X"有较强的意义完整性，仅凭否定小句和更正小句的对比无法确定否定焦点，因此需要"是"来标明否定句处于元表征层面。在元表征层面中，"不 X"的意义并不限于"低于 X"。相反，"不 X"否定的成分只有 X，而其保留的部分既包括"低于 X"也包括"高于 X"。例（29a）类的否定句正是因为加上"是"之后进入了元表征层面，才可以作元语言否定解读。如果否定焦点没有级差意义，如（21c-d），否定小句和更正小句的对比就足以确定焦点。这时，加上"是"可以使否定句的回声性更明显，不加也可以进行元语言解读。

综上，我们认为"是"在元语言否定中的作用是标记回声性；只有在否定焦点是具有级差性的谓词时"是"才是必需的。由此可见，"是"并不是专门用于元语言否定的标记。这一结论与赵旻燕的一致。不过，赵旻燕认为特定的元语言否定标记不存在可以推翻语用歧义说，而本文的观点恰恰相反：我们认为，如果否定的使用没有歧义，那么任何情况下都不需要借助否定算子之外的语言形式来帮助元表征用法的实现。然而，元语言否定中的特殊标记尽管不是专用于元语言否定的，但确实有助于元语言解读的实现，甚至如"是"一样在某些元语言否定句中必不可少。那么，各种语言中用于元语言否定的特殊形式为何存在？它们在帮助元语言解读的实现中又起到了怎么样的作用呢？

我们在上文中论证了否定的语用歧义存在于三个认知域中，那么，人们是如何判断否定要在哪一个域解读的呢？与 *and*，*or*，*if* 等双值逻辑算子不同，否定是单值逻辑算子，一个单独的否定小句通常会被默认为描述性否定。因此，在没有语气等口语标记的情况下，位于知域或言域内的元表征否定需要借助一些线索来指明否定处于哪个认知域。最常见的线索是更正小句，其次是较强的语境信息、重音以及书面语中的引号等。但是，有的语言除上述线索之外还需要别的句法标记。汉语的"是"就属于这种情况。阿拉伯语、韩语和希腊语中的特殊句法结构，实质上也都是为了确定否定所处的认知域，以识别否定的用法。我们再来看上文提到的韩语长式否定、阿拉伯语的 *meʃ* 和希腊语 *oxi* 在元语言否定中的功能。

（34）a. Mica ka an(i) canta. （韩语）

'Mika does not sleep. '（He is awake）

    b. Mica ca-ci ani hanta.

       'Mica does not sleep. '（He is just lying on the bed）

       （Horn，2001：440，括号中的注解为本书作者添加）

（35）a. samiːra meʃ zakejja abadan — hejja ʁabijja.（阿拉伯语）

       Samira NEG smart   NPI   3sg stupide

       'Samira isn't smart at all — she's stupid. '

    b. da   samiːra meʃ zakejja — di ʕbqarejja.

       COMP Samira NEG 聪明 -COMP 天才

       'Samira isn't smart — she's genius. '

       （赵旻燕，2011：36）

（36）a. * Oxi poli   fitites   irthan.（希腊语）

       not many students came. 3pl

       'Not many students came. '

    b. Irthan，oxi poli   fitites   ala liji.

       came. 3pl not many students but few

       'Not many students came；only a few did. '

       （同上）

    c. Grafume oxi   "νερώ"，ala "νερό"：

       Write （1pl）NEG whater but water

       'We don't write "whater"，but "water". '

       （Giannakidou，1998：51）

    Choi（1985）认为韩语的短式和长式否定的区别相当于亚里士多德的矛盾否定（contradictory negation）和相反否定（contrary negation）①。矛盾否定非此即彼，比如，不是生，就是死；不是及格了，就是没及格。因此（34a）只能解读为"他没睡（即醒着）"。相反否定有更大的解读空间，比如，不是白，也不一定是黑，可以是其他任何颜色。所以，（34b）可以作"他不是在睡觉，他只是闭眼躺在床上"的元语言解读。所以，长式否定更适合进行元语言否定的解读。至于为什么短式的 *an* 不可解读为元语言否定，Yoon（1994）认为韩语中短式 *an* 是个动词词缀，根据 Horn 的论述，否定词缀会阻止元语言否定，因此 *an* 不能作元语言否定解读。但是，*an* 是自由语素，不是黏着语素，而且可以触发否定极性词（赵旻燕，2011：35）。赵旻燕（2011）指出，元语言否定如果用短式，听者在第一次解读时很可能会作描述性解读。这一点与汉语量级否定很像，比如"他没有三块金牌"一定会被解读为描述性否定，因此，"#他没有三块金牌，他有四块"中的否定句与更正句互相矛盾。如果用长式就不一定作描述性否定解读了，这也就为元语言解读提供了可能。换句话说，韩语的长式否定实质上是标记了该否定句可以出现在行域或知域中，可以作元概念否定或元语言否定的解读，而不仅仅是出现在行域中，只能作描述性解读。

阿拉伯语中的连续否定 *meʃ* 不能用于动词谓语句，只能用于非动词谓语句。当出现 *meʃ* 时，人们不会在第一时间作描述性解读，因为说话者一般是用不连续否定来引导听者作描述性解读的。从这个意义来讲，*meʃ* 也是元表征的标记：为了帮助人们排除否定歧义，说话者用 *meʃ* 表明话语可以解读为元概念否定（如（35a））或元语言否定（如（35b））。

希腊语中的 *oxi* 实际上也标记着句子可以在元表征层面进行解读，即在知域或言域内解读，且既可以解读为元概念否定（如（36b）），也可以解读为元语言否定（如（36c）），因为 *oxi* 的作用与汉语的"是"一样，只是表明句子不是描述性的（所以（36a）不合语法），应该被看作回声表征。*Oxi* 后一般会跟修正句也是因为元表征层面上的否定往往还需要对被否定的成分进行纠正，这一点与汉语的"是"类似。我们在听到"他没有三块金牌"时不会期待后续内容，而听到"他不是有三块金牌"时，却会自然地期待后续内容，如"他到底有几块金牌"，或者"他到底有三块什么牌"。

综上，正是因为否定在三域内有不同的用法，否定算子本身又是单值算子，我们才需要借助特殊的语言形式去确定否定所处的认知域。所以，这些语言形式本身是不是专用于元语言否定并不重要，重要的是它们在否定句中承担着区分否定用法的功能；而这一事实不但不能证明否定是单义的，反而能够佐证否定是歧义的。而且，因为歧义产生于在三个认知域中的不同用法，所以否定的歧义与 *and*，*or*，*if*，*but* 等的歧义一样，是语用歧义。[1]

最后，对于已有研究争论的另一个问题，即预设否定到底是不是元语言否定，根据三域理论框架内的分析，预设否定与其他元语言否定并不是同一类：预设否定需要在知域内解读，而其他元语言否定则需要在言域内解读。跨语言语料也为这一观点提供了论据。比如，马来语中一般的元语言否定句需要用否定词 *bukan*，*bukan* 一般出现于对比结构中。对于预设否定，马来语中要用否定词 *tidak*，而 *tidak* 是不用于对比结构的。比如：

(37) Irwan tidak/?? bukan menyesal menjadi Gubernur Sumbar，

(name) NEG regret become Governor Sumbar

Irwan 不后悔成为 Sumbar 的管理者，

Karena sebenarnya dia belum pernah menjadi gubernur.

因为他事实上从来就没有担任过 Sumbar 的管理者。

（钱鹏，2022：229）[2]

(37) 否定了预设"Irwan 曾经是 Sumbar 的管理者"，它不像一般的元语言否定一样包含对比结构，其否定标记只能是 *tidak*，不能是 *bukan*。由此可见，有的语言依据不同语用动因分化出了多种否定标记，且这些语言区分了预设否定和其他元语言否定，佐证了我们在三域理论框架内对预设否定和其他元语言否定的区分。

4.4 汉语中规约化的元语言否定结构及功能

在用三域理论分析了元语言否定用法及否定的语用歧义后，我们再来看汉语元语言否定的一个特性，即规约化的元语言否定结构。通过分析它们的生成

---

① 本节内容可参见左百瑶（2021）。

② 此处遵照例句原出处（钱鹏，2022）的注释方法，未对后半句做行间标注。

机制，我们将探讨元语言否定在交流中的语用功能。

4.4.1　"不要太"的生成机制和语用功能

我们要分析的第一个规约化元语言否定结构是"不要太 + Adj"①。副词
"太"通常具有两种含义：一种指程度很高，如法语的 *très*，英语的 *very*。另一
个代表"过度"，如法语的 *trop*，英语的 *too*。"不要太 + Adj"也有两种含义，
一种是作为基本义的祈使句，另一种是作为引申义的感叹句（吴文婷 等，2009；
杨娟，2009；张爱玲，2006，2009）。作为祈使句的"不要太 + Adj"多表示禁止
或劝阻。因此，"不要太 + Adj"之后的形容词必须是贬义的，即使形容词本身是
中性或互补的，在"不要太 + Adj"中也表示在言者看来需要被避免的状态。例
如，在下文的（38a）中，"累"是贬义的；在（38b）和（38c）中，"激动"和
"友好"分别是中性和褒义的，但它们都描述了在讲话者看来应该避免的状态。

> （38）a. 你身体不好，不要太累。
>
> 　　　b. 你心脏不好，不要太激动。
>
> 　　　c. 对这种人，不要太友好。

引申义比基本义出现得晚，表感叹的"不要太 + Adj"不再表示命令，因
此形容词可以是贬义的、中性的或褒义的。例如，（39a）和（39b）中的形容词
短语分别是贬义和褒义的。在这种情况下，"不要"失去了其否定功能，因为
"不要太 + Adj"实际上意味着"太 + Adj"。"不要"加强了"太 + Adj"的惊叹
程度。

> （39）a. 阿黛尔唱歌不要太难听哦！
>
> 　　　b. 阿黛尔唱歌不要太好听哦！
>
> 　　　（Zuo，2018：144）

①　"不要太 + Adj"后也可以跟动词。但因为从元表征角度看，"不要太 + Adj"和"不要太 + V"生成机
　　制一样，本研究只讨论"不要太 + Adj"。

如何解释"不要太 + Adj"的引申意义呢？前人的研究提出了一个非常简单的解决方案，即"不要"和"太"构成了双重否定，因此强化了肯定（石毓智，1993）。但是，"太"严格来讲不是否定标记，也没有否定含义。此外，一些研究从"不要太 + Adj"命令式的预设着眼，对其感叹式进行了解释："不要太 + Adj"命令式预设形容词"Adj"表示的状态已经达到很高的程度。说话者考虑到这一事实而建议听者不要让这种情况发展到过分的程度。"不要太 + Adj"感叹式也利用了这种预设（吴文婷 等 2009；杨娟，2009），即认为 Adj 的程度已经很高。区别在于，感叹式"不要太 + Adj"对一个很高的程度表示感叹，而不是阻止其发展。

这种解释仍然存在问题：首先，当我们说"不要太 + Adj"以表劝阻或禁止时，"Adj"并不一定达到了很高的程度。例如，在（40）中，母亲不知道她儿子什么时候回来，她的话并没有预设儿子会回来得很晚。

（40）儿子：妈，我和朋友出去一下。

妈妈：你姑姑要来吃晚饭，回家不要太晚。

（Zuo，2018：133）

另外，"不要"相当于"别"，是用于祈使句的否定标记，为什么它可以在感叹句中充当语气词呢？前人的研究并没有给出令人信服的解释。

我们认为，将"不要太 + Adj"看作元语言否定，上述问题便可迎刃而解。根据上文对否定使用的分类，"不要太 + Adj"可以用于行域和言域。在行域中使用的"不要太 + Adj"是表示建议、禁止或劝阻的祈使句，如（39）所示；在言域中使用的"不要太 + Adj"反驳了"太 + Adj"的语言形式，因为后者在言者眼中不适宜。"不要太 + Adj"和"太 + Adj"的语义并不矛盾。这就是为什么否定标记"不要"在行域层面（即表征层面）是羡余的，如"不要太高兴"几乎等于"太高兴"。那么，否定标记"不要"到底否定的是什么呢？由于它是在言域中使用的否定，因此它只能拒绝言语的适宜性，即属于元语言否定。

现在的问题是，如果言者用"不要"拒绝了"太 + Adj"这一表达，那在言者眼中，"太 + Adj"所表达的程度是太低还是太高呢？我们认为"太 + Adj"

被拒绝是因为它表示的程度过低。这可以通过比较"不要太＋Adj"命令式和"不要太＋Adj"感叹式来解释："不要太＋Adj"命令式表示对某个尚未达到的高程度的禁止或劝阻。在这种情况下，"太＋Adj"表示很高甚至过高的程度。"不要太＋Adj"的感叹义与劝阻无关，它只想强调某一状态的程度很高。例如，在（39）中，说话者只表达了对阿黛尔歌唱天赋的感叹。因此，"不要太＋Adj"感叹句的成因在于，在寻求最强烈的表达来描述这一个非常高的状态时，言者认为"太＋Adj"的语力还不够强，因此在元表征层面否定了它。由于语力的产生与语言形式密切相关，"不要太＋Adj"对"太＋Adj"的反驳实质上是对语言形式的反驳。可以通过比较几对元语言表达来验证我们的假设：

(41) a. 他不要太有钱哦！

b. 他不是很有钱，是超级有钱！

(42) a. 这辆车不要太老哦！

b. 这辆车不是太老了，是老得该进博物馆了。

(Zuo，2018：144)

（41b）和（42b）是典型的元语言否定，否定了前一个分句的量级含义。其中，更正句的作用在于拒绝说出语力不够强的句子（他有钱/这辆车太老）。通过比较（41a）和（41b），（42a）和（42b），我们发现作为感叹句的"不要太＋Adj"具有与量级否定相同的功能，即增强了"太＋Adj"的语力，它们的区别在于"不要太＋Adj"后没有更正小句，并且对"太＋Adj"的回声性表征是通过隐含的方式实现的，因为被回声表征的"太＋Adj"通常并没有被明确说出来，而只是一个想法。

另外一个需要解答的问题是，为什么我们用"不要"而非"不"或"不是"作为元表征否定的标记呢？我们认为主要原因是"不要太＋Adj"命令式已被广泛使用，而使用旧的语言形式来表达新的含义在各种语言中并不少见，英语中也存在类似的现象，比如：

(43) a. You cannot be too tired because of your cardiac problem.

'你有心脏病，不要太累了。'

b. We cannot be too careful in choosing friends.

'我们交朋友时不要太小心哦。'

在（43a）中，*cannot be too* 被用来建议听者不要太累。此用法与"不要太+Adj"命令式相同。相反，在（43b）中，*cannot be too* 没有否定义，它表示"越谨慎越好"或"谨慎程度永远不会过高"，此用法类似于"不要太+Adj"的感叹式。由于缺乏历时研究，我们还不能断言 *cannot be too* 的两个用法哪一个是本义，哪一个是引申义。但是，我们可以做出的判断是，*cannot be too* 和"不要太+Adj"都是使用一种旧的语言形式来表达一种新的含义，其语用动因是利用旧表达中的某个语义特征（如表示"程度很高"）产生新的表达效果。

综上，根据本节对"不要太+Adj"的分析，我们认为，一方面，使用语言的过程中，语言使用者有可能给最初在行域内使用的表达增加新的含义；另一方面，"不要太+Adj"既属于行域也属于言域，可以作为论据来证明同一个否定表达可以出现于多个认知域。言域内的新用法是顺应交际的需要而产生的，它的语用功能就是增强表达的语力。除了"不要太+Adj"外，汉语中的"不一会儿"也是增强语力的元语言否定结构。

4.4.2 "不一会儿"的生成机制和语用功能

就像"不要太+Adj"中的"不要"一样，"不一会儿"中的"不"在行域或表征层面也是羡余的，因为"不一会儿"与"一会儿"在表征层面语义基本相同。张斌（2013）还指出，"不一会儿"是词汇化允准的附缀化，且这一用法不能类推，是一个"不"直接否定名词性成分的特例。这个特例是怎么形成的呢？"不一会儿"与"一会儿"有什么区别，"不"又究竟否定了什么呢？

根据沈家煊（1999）的观点，当"一会儿"的持续时间比预期的短时，说话者会使用有标记形式，即"不一会儿"，以表示实际时间比预期的还要短。比如：

（44）a. 再坐一会儿吧。

b. 水一会儿就开了。

c. 水（不）一会儿就开了。

在（44a）中，言者看到客人将立即离开，便邀请他们待久一点。因此，在言者的眼中，"一会儿"的持续时间较长。在（44b）中，"一会儿"持续的时间比言者想象的要短。在这种情况下，他可以添加"不"来标记少量（沈家煊，1999），如（44c）。这一解释是合理的，但仍需说明为什么否定算子可以标记极小量。我们可以从元表征的角度对这一问题加以解释。

我们假设"不"否定了"一会儿"的适宜性，因为它不适用于表达"极短"的时间。"一会儿"是被引述的语言形式，有可能来自他人或言者本人的已有表征。根据这个假设，"不一会儿"中的"不"显然是在言域内发挥否定作用，并构成了元语言否定。"不一会儿"与言者的主观感觉紧密相关。如果只考虑行域的客观状况，我们只能发现"不"是羡余的，却很难解释它是如何产生的。

如何证明我们的假设呢？"一会儿"的语义为我们提供了论据。当"一会儿"描述一段持续的时间时，它在客观和主观上都是变量。例如，如果使用"一会儿"表示十分钟，那么从客观角度来看，它比一小时要短，但比一分钟要长。从主观上讲，十分钟对于某个人来说可能很短，但是对于其他人来说却很长（刘长征，2006）。只有在言者看来非常短暂的时间才可以用"不一会儿"。这就意味着，"不"在行域内并不否认"一会儿"，因为"不一会儿"不是客观的描述，而是拒绝"一会儿"的适宜性。例（45）说明了"一会儿"的主要含义：

（45）a. 老板要过一会儿才来。

　　　b. #老板要过不一会儿才来。

　　　c. 火车一会儿就开了。

　　　d. 火车不一会儿就开了。

　　　e. 他一会儿进，一会儿出。

（45e）中的"一会儿"在两个动词前被重复使用，以示交替。由于它与时间持续的长短无关，因此无法用"不一会儿"代替。因此，我们首先排除

（45e），仅关注（45a）—（45d）。在（45a）中，"一会儿"的量值相对较大；副词"才"证明了这一点，它表示其后的动作将在很久之后进行。在这种情况下，"一会儿"无法用"不一会儿"代替，如（45b）所示。相反，在（45c）中，副词"就"表明"一会儿"从言者的角度来说表示一段极短的时间：持续时间太短，以至于"一会儿"也不足以形容其短暂的程度。因此，言者使用"不"否认了"一会儿"的适宜性，以强调持续时间的短暂程度，如（45d）所示。实际上，否定不仅能在言域内表示一段时间比"一会儿"还短，也能在行域内表示，只不过行域内需要使用"不到一会儿""不要一会儿"或"不用一会儿"这样的表达，如下例：

（46）a. 不一会儿，火车就开了。

　　　b. 不到/不用/不要一会儿，火车就会开。

尽管（46a）和（46b）都是表达某一段时间非常短，甚至比"一会儿"所表示的时间还短，它们仍然存在不同之处：（46a）是在言域中拒绝"一会儿"这个表达的适宜性，而（46b）中的"不到、不用、不要"等词是对客观事态的描述，因此处于行域。

我们曾指出，前人的研究多关注规约性元表征结构体现的主观性。他们认为"一会儿"既可以代表客观量，也可以代表主观量，既可以表示大量，也可以表示小量，而"不一会儿"只能表示较小的主观量（刘长征，2006；沈家煊，1999）。如果我们将"不一会儿"视为元语言否定，则可以很自然地解释"不"为什么可以表征极小量：一方面，说话者只有在发现持续时间很短的时候才驳斥"一会儿"这一表达。另一方面，"一会儿"是长是短取决于说话者。因此，"一会儿"的适宜或非适宜是基于主观判断的，这正是"不一会儿"仅描述一个主观小量的原因。

总而言之，"不要太＋Adj"和"不一会儿"都是用于反驳已有表征，因为言者主观上认为已有表征的语言形式不足以描述一个很高的程度。被反驳的描述性表征（如"太＋Adj"和"一会儿"）通常在行域内（表征层面）是符合客观事实的，只是言者基于主观判断认为此表征在言域内（元表征层面）不适宜，并在言域对其进行了否定，这就解释了为什么主观性在规约性元语言否定的产生中起着至关重要的作用。此外，从结构上看，规约化的"不一会儿"和"不要太"永远是否定标记"不"先行的，不能说"一会儿不"或者"太不要"；这种结构上的特征也印证了"不一会儿"和"不要太"属于对已有表征"一会儿"或"太 + Adj"的整体否定，位于言域和元表征层面。

4.5　小结

针对元语言否定的研究都试图回答两个问题：元语言否定是否具有真值性？否定是歧义的还是单义的？我们在 Sweetser（1990）的三域理论框架内考察了元语言否定，认为它不是真值性的：行域中的否定用来描述现实世界中的事态，属于描述性否定；知域的否定是对推论的否定；言域中的否定是拒绝做出某个言语行为。元语言否定（以及元概念否定）涉及的后两种否定并不是对事态的描述，因此是非真值性的。三域内不同的否定用法也引起了否定的语用歧义。为了排除歧义，一些语言使用了特殊的句法形式，旨在使听者意识到某个否定不是在行域内，而应该在知域或言域内解读。这些句法形式并不是专门的元语言否定标记，它们只有在常用的排除歧义的手段（如更正小句与否定小句的对比，引号，重音等）无法确定否定所处的认知域时才必须被使用。比如，英语、法语等语言的元语言否定句一般可以通过前后分句的对比表明否定处于言域，但是汉语、韩语、希腊语、阿拉伯语、日语、葡萄牙语等的部分元表征否定却需要通过否定算子以外的句法标记来表明否定所处的认知域。因此，元语言否定的跨语言差异可以佐证我们从三域理论和元表征视角对否定的语用歧义所进行的分析。

第三章的元概念否定和第四章的元语言否定共同构成了元表征否定，它们都与言者的主观态度与判断密切相关，其规约性用法更是体现了言者的主观性在语法化过程中的重要影响，我们将在第六章中继续讨论特殊否定的主观性。在接下来的章节中，我们将继续分析多个否定标记共现的结构，并讨论言者出于不同的交际目的如何使用多个否定标记，以及承担着不同功能的多重否定结构又有哪些不同的生成机制。

本章我们将从双重否定开始，讨论多个否定标记共现的结构。我们选择双重否定为切入点，是因为国内研究对双重否定和与之相关的否定提升（Neg-raising，或称否定转移）现象较为关注，而国外学界研究这两类现象的视角和路径与国内研究不尽相同。我们将结合汉语与外语语料、汉语与外语研究的不同思路来分析双重否定的生成机制及语用功能。

国外的一些研究将双重否定与否定一致（negative concord）放在一起讨论。否定一致指的是句子否定标记如英语的 *not*，法语的 *ne … pas / personne / rien*，和否定词素（N-word）如法语的 *personne*（没人）、*rien*（没有任何东西），意大利语的 *nessuno*（没人）、*niente*（没有任何东西），英语的 *nothing* 等同时出现表达否定义的情况。如（1）—（3）所示：

（1）Non è venuto nessuno.（意大利语）
　　'没有人来。'
（2）Personne n'a rien dit.（法语）
　　'谁也没说什么。'
（3）He didn't know nothing.（英语方言）
　　'他什么也不知道。'

可见，与双重否定一样，否定一致也有两个否定标记。与双重否定不同的是，否定一致中的两个否定标记并未在逻辑语义上形成"负负得正"的效果，而是加强了否定含义。双重否定与否定一致是否有所联系，汉语是否存在否定一致现象？本章将基于对两种现象的分析讨论上述问题。

另外，多语语料显示，多个否定标记加强否定义的现象不只见于否定一致，Horn（2010）在考察了英语语料后提出，"延续否定"和一些带两个否定词缀的词汇本质上也是用多个否定标记来加强否定义，比如（4）中的延续否定句及（5）中的词内双重否定：

    （4）a. Not with my wife, you don't.

        b. Not that I know of, it isn't.

    （5）unmatchless, unhelpless, unthaw, unloose.

    （Horn，2010：129）

    Dowty（2008：5 - 6）提出延续否定并不是否定之否定："延续否定是修正的省略形式。也就是说，它指代一个新的论断，旨在取代核心句中的论断……两种否定都不在另一否定的范围之内，且这些否定中没有一个是赘余的。"①

    至于带有两个否定词缀的形容词，如 *unmatchless*（不可比的）和 *unhelpless*（无助的），前后两个否定词缀构成了单一的否定，而非互相抵消。此外，某些本身带否定义的动词再加上一个否定前缀并不造成语义上的对立，如 *unthaw*（解冻）和 *thaw*（解冻），*unloose*（松开）和 *loose*（松开）语义基本一致。在类型学研究中，否定一致、延续否定、词内"双重否定"以及第二章分析的赘余否定都可被归为超否定（hyper-negation）②，即用于强化而不是取消句子（或词）中其他否定的否定。汉语研究尚未提到"超否定"的概念，但汉语中也存在着具有超否定性质的结构，我们也将在本章对其进行分析。

    下面我们先来看两个否定标记相互抵消的双重否定。

5.1 汉语双重否定研究

    类型学上有"否定一致"语言和"双重否定"语言之分。葡萄牙语、波斯

---

① *Resumptive Negation is an elliptical form of assertion revision：that is，it indicates a new assertion which is intended to replace the assertion made in the core clause … Neither negation is in the scope of the other，nor is one of the negations merely pleonastic.*（Dowty，2008：5 - 6）

② Horn 认为赘余否定可归结为两个命题的心理融合或混合，一个命题是处于高阶否定范围内的肯定小句（形合），另一个命题是否定含义直接明示的否定小句（意合）。"*Such cases，variously termed pleonastic，expletive … are often attributed to the mental fusion or blend of two propositions，a positive clause in the scope of higher negation（hypotaxis）and a clause whose negative import is directly signaled（parataxis）.*"（Horn，2009：404）

语、法语、俄语、希腊语、西班牙语、古英语、意大利语、南非荷兰语、希伯来语、现代英语的一些方言都是典型的否定一致语言，它们既有否定一致现象也有双重否定现象。汉语、拉丁语、德语、荷兰语、日语、瑞典语和现代标准英语是双重否定语言，它们只有双重否定现象，没有否定一致现象。由于汉语属于双重否定语言（De Swart，2009；Yang，2011），双重否定自然在汉语研究中得到了较多关注。从定义到分类，从功能到生成，汉语界的研究覆盖了双重否定的各个方面。在本节，我们将先对汉语双重否定的研究做简要回顾，并在随后的小节中分析双重否定的生成机制，进而讨论汉语双重否定的个性。

《马氏文通》将双重否定描述为"叠用两'不'字，业已互相对销，无异正说"，以及"连用弗辞相消，同乎正意"（马建忠，1983：331）。此后的汉语研究也大多同意《马氏文通》对双重否定的定义，即两个否定连用表示肯定义（如：丁声树，1961；吕叔湘，1980；Huang & Liao，2007）。黄伯荣、廖序东（2007）对此定义作了补充，他们认为除了两个否定标记共现外，一个否定副词和一个带否定义的谓词，或者是一个带有否定标记的反问句，都能构成双重否定。不过，他们的定义未将汉语的"不……不……"或"无…….无……"结构排除在双重否定之外，这些结构并不构成双重否定，比如"不早不晚""无忧无虑"。

一些研究者提出定义双重否定要将句法与语义结合，他们的想法与Jespersen（1924）对双重否定的定义一致，即两个连续出现的否定针对同一元素或主题，表示肯定义，其逻辑式为¬¬P＝P或¬（¬P）＝P（符维达，1986；孟建安，1996；张焕香，2012）。根据这一定义，多个否定分别针对不同元素的情况就不能算作双重否定了，比如下例所示的并列结构、连动句、动宾结构和条件句（符维达，1986；张焕香，2012）：

(6) a. 他不抽烟不喝酒。

b. 别拿了钱不做事。

c. 他不知道你不来。

d. 我不写完不睡觉。

以上四例中的双重否定都没有否定一个唯一的元素，因此不能用逻辑式¬¬P＝P或¬（¬P）＝P来描述。然而，一些研究提出，动宾结构（如（6c））也构成双重否定，因为它们针对的是同一个主题（李琳莹，1997；孟建安，1996；张琳，2010）。我们在 5.2 将提到，动宾结构的双重否定在类型学上也被看作双重否定，其生成机制与否定提升相关。也有一些研究指出，双重否定中的两个否定并不处在同一个语义层面上。比如，"不是没有困难"中，第一个否定"不是"既不针对"没有"也不针对"困难"，而是针对"没有困难"（王力，1984）。这一观点与另一类双重否定的生成机制相关，即基于元概念否定的双重否定，我们也将在 5.2 中讨论。

此外，范振强，肖治野（2010）指出，在双重否定中，一个否定应该在另一个否定的辖域内，即使这种关系在表层结构上不明显，也可以通过转换在深层结构上得以显现。范、肖的观点将（6d）这一类的条件句排除在了双重否定之外，因为条件句中没有一个否定在另一个否定的辖域内。

除了两个否定所处的语义层次外，双重否定到底表达肯定义还是否定义的问题在汉语界也有争议。一些英汉或法汉对比研究认为双重否定可以表达否定义（曹威 等，2007；郎桂青，1989；王文娟 等，2008）。实际上，这些研究忽略了两个问题：首先，他们列举的双重否定表示否定义的情况在类型学上都被称为"否定一致"，而非"双重否定"；其次，这些对比研究没有强调汉语中不存在否定一致，而类型学研究已经证实，汉语是典型的双重否定语言（De Swart，2009；Yang，2011）。

关于双重否定的定义，我们赞同张焕香（2012：30）的观点：在结构上，双重否定必须具备两个（或偶数的）否定成分，其中一个必为显性否定标记；在逻辑语义上，双重否定中的一个否定处于另一否定的辖域内，是否定之否定，因此是表示肯定意义的命题；从语用上看，双重否定不是单纯的"负负得正"，具体语境中的双重否定会产生一些会话含义。

基于上述定义，汉语中有不少结构都能用逻辑式 $\neg\neg P = P$ 或 $\neg(\neg P) = P$ 表示，因此，对于双重否定的分类，汉语研究参考了不同的分类标准。比如，根据语力的强度，双重否定被分为了增强语气的加强型和缓和语气的委婉型两类（Sun，2011），加强型双重否定如下例前两句，委婉型双重否定如下例后两句：

(7) a. 我们在使用这些材料研究原始社会的历史时，对之是不能不予以注意的。

b. 整顿国防科工系统非你莫属。好样的就站出来和他们斗！

c. 地球上的生命源于外星球，也不是没有可能。

d. 在这里，一切神秘但又并非不可知。

（CCL）

然而，以语气为标准的分类并不严谨，因为语气要在具体语境中去衡量，而且，正如我们将会在下文中提到的，对于表道义和意愿的谓词（如应该、想要、建议），其语力受语境影响大于表示推测的谓词，更加不能脱离语境去判断句子的语力或否定的强度。

另一种分类依据的是词的类别和句法结构。比如，孟建安（1996）将双重否定划分为了一般双重否定和特殊双重否定。一般双重否定含有显性否定，如否定副词＋否定副词（如（7c）），否定副词＋否定性动词（如"天下无不散的宴席"）以及两个有否定含义的动词（如（8））。特殊双重否定为包含否定标记的反问句，如（9）。

(8) 老公否认自己没有洗碗，老婆一气之下将家里所有的碟子都砸了。

(9) 政治里难道没有女人的角色吗？

（CCL）

同样依据句法结构，郭昭穆（1980）和郭昭穆、汪坤玉（1985）把汉语双重否定分为了三类：一般谓词类（如（7a）），复杂谓词类（如（7c）和（7d））和反问类（如（9）），然而，他们并没有严格定义简单谓词和复杂谓词。我们认为他们提出的所谓复杂谓词类其实就是针对另一个已有否定话语的否定，如"非"或"不是"否定一个否定句，实质上是"回声性用法"，亦即基于元概念否定的双重否定，我们会在 5.2.3 介绍这一类否定。

根据词的类型或句法结构进行的分类似乎很复杂，且意义不大。他们为每个双重否定结构都分配了一个标签，但却没有从本质上区分各种双重否定，也未讨论各类双重否定具有怎样的语用功能。张焕香（2012）注意到了已有分类方法的问题，并提出了一种结合形态语法、语义学和语用学的方法。她首先区分了语义双重否定和语用双重否定。语义双重否定是对否定命题的否定。在这种情况下，两个否定中的一个必须由明确的否定标记来实现，如"不""不是""没""没有"等。语义上的双重否定又可以分为显性型和隐性型，前者包含两个显性否定，后者包含一个显性和一个隐性否定，如含有否定含义的动词"否认"、"拒绝"。此外，根据是否可以直接转化为¬¬P/¬（¬P），显性双重否定被分为直接型和间接型。例如，（7c）是一个直接的双重否定，而（7a）是一个间接的双重否定，因为（7a）中的"不能不P"不能直接转换为"能P"，而是要转换为"必须P"。语用双重否定是依靠语用策略和语境实现的。带否定标记的反问句和祈使句被认为是典型的语用双重否定；对话中对先行否定语句的否定回应被定义为实例型双重否定。根据回应中的否定是不是通过否定标记实现的，实例型双重否定又被分为了显性双重否定（如（10））和隐性双重否定（如（11））。

(10)　——你怎么还没睡？又不舒服了？

　　　——没有。

（张焕香，2012：122）

(11)　——我们今天不去爬山了？

　　　——什么呀！说好了当然要去。

（同上）

这种较为复杂的分类系统可以用下图（张焕香，2012：53）表示：

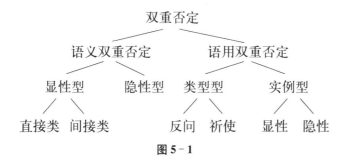

图 5-1

通过综合考虑形态句法、语义和语用要素，这种分类似乎比其他分类更完整和详细地概括了双重否定的种类。然而，将¬¬P/¬（¬P）形式的祈使句视为语用双重否定是有问题的，因为将一个¬¬P/¬（¬P）形式的祈使句理解为肯定义的P并不需要依赖于语用策略或语境。此外，这种复杂的分类法对分析双重否定的各种生成机制也没有太大帮助。

综上所述，已有的汉语研究对双重否定的分类涉及不同的标准和视角，但较少与双重否定的生成和功能联系起来。少数研究在描述现象上也存在一些值得商榷的地方。因此，本研究拟根据双重否定的生成机制提出一个分类方法，这种分类也将有助于研究双重否定的不同语用功能。

最后，关于使用双重否定的动机，很多汉语研究认为双重否定比它对应的肯定形式语力更弱，目的是使话语更委婉，但也可能加强对应的肯定形式的语力，达到强调的效果（马崇梅 等，2008；王文娟 等，2008）。也有研究深入到了双重否定的动机，比如，张焕香（2012）总结了使用双重否定的三个动机：Levinson（2000）的M原则，徐盛桓（1992）的消极礼貌策略和否定的回声性用法。首先，根据M原则，说话人不应该无缘无故地使用有标记的表达。如果说话者使用一个较长的、有标记的表达方式，而不是一个较短的、没有标记的替代方式，就会有一个隐含义。事实上，作为一个有标记的表达方式，双重否定带有一种隐含义，这是其对应的肯定形式所不具备的。第二，根据徐盛桓的消极礼貌策略，言词中要尽量避开正负两极，避免直接点明对方负面的那一极。因此，说话者应该用缓和的话语表达反对、责备、批评等（徐盛桓，1992：9）。因此，双重否定可以作为一种缓和策略。第三，双重否定可以是对已有否定话语的否定，否定可以有明确的否定标记（如（10）），也可以通过隐含的形式实现（如（11））。除了针对已有表征命题内容的回声性用法，语言形式上的回声使用也可以构建双重否定，如NEG A可以与NEG NEG B实现结构上的平行，如下例所示：

（12）分行的不一定是诗，不分行的也不一定不是诗。

（张焕香，2012：146）

后一个小句中的"也不一定不是诗"可以替换为"也可能是诗"，但为什么要用双重否定"不一定不是"呢？其目的其实是通过重现前一句的语言形式"不一定"，与前一个小句实现结构平行，从而产生对照的效果。

除了语用视角，Sun（2011：1444）还从认知角度解释了使用双重否定的动机，他利用象似性理论（theory of iconicity）指出，句法成分越多，句子越长，其意义和隐含义越丰富、越深刻。相应地，表达也就更加间接，具有高度的礼貌性，容易被听众（读者）所接受。这种认知特点在双重否定句中得到了充分的体现。与双重否定句相比，肯定句在形式上更简单，句子长度也更短。因此，其表达方式是强烈的、直接的。

上述研究对使用双重否定的动机做出了合理的假设，但仍然存在一些问题，比如，"回声性"用法不仅是一种动机，更是一种生成机制。更重要的是，每种类型的双重否定都有自己的功能，原因正是它们的生成机制不尽相同。如果不从根本的生成机制上分析双重否定，只依据句法结构或语义功能来分类，则不能将不同类型的双重否定与它们的语用功能准确对应起来。因此，在接下来的小节中，我们将结合多语语料以及国内外双重否定的研究成果，首先分析双重否定的各类生成机制，进而指出基于不同生成机制产生的双重否定各自具有怎样的语用功能。

5.2 双重否定的生成机制和语用功能

双重否定普遍存在于多种语言中，但汉语界与西方学界对双重否定的研究聚焦于不同的方面。汉语界的研究首先关注了双重否定的定义和分类，之后转移到了语用功能及成因上。而西方的研究则关注双重否定与超否定，特别是与否定一致的区别与联系。在本节中，我们将先基于双重否定的跨语言共性讨论双重否定的不同生成机制；对应每种生成机制，我们将讨论与之对应的语用功能。在随后的小节中，我们再深入讨论汉语双重否定的个性（5.3）并介绍西方学界将双重否定与否定一致结合的研究路径（5.4）。

5.2.1 否定提升

观察多语语料，可以发现不少语言都存在由主句和从句中的否定共同构成的双重否定。比如：

(13) a. Je ne pense pas que ce n'est pas vrai. [①]　（法语）

'I don't think that it's not true. '

= b. Je pense que c'est vrai

'I think that it's true. '

（13a）中主句与从句的否定共同构成了双重否定，且从句否定在主句否定的辖域内，形成了 ¬（¬P）的逻辑式。既然 ¬（¬P）＝P，（13a）与（13b）的语义基本相同。

但是，有的双重否定与其对应的肯定形式语义并不一致，比如：

(14) a. Je ne suis pas sûr qu'il ne vienne pas.（法语）

'I am not sure that he will not come. '

≠b. Je suis sûr qu'il viendra.

'I am sure that he will come. '

(15) a. Il n'est pas possible qu'il ne vienne pas.（法语）

'It is not possible that he will not come. '

≠ b. Il est possible qu'il vienne. '

'It is possible that he will come. '

在（14）和（15）两组例句中，双重否定句在逻辑语义上显然不同于其对应的肯定句。事实上，（13）中双重否定的生成基于否定转移，受主句谓词语义支配。否定转移指将从句中的否定标记移到主句中，也称否定提升（Neg-raising）(Lindholm，1969)。否定标记从从句移到主句后，可能造成整体句义的变化，也可能不改变句义。如下面三例所示：

(16) a. Sono sicuro che <u>non</u> verrà.（意大利语）

'I am sure that he will not come. '

---

① 5.2.1 不出现汉语例句或汉语翻译，因为后文会提到汉语"否定提升"有一些个性，它们决定了汉语双重否定是否基于"否定提升"还有待商榷。本节出现的其他语言的例句均用英语翻译。

$\neq$ b. Non sono sicuro che verrà.

'I am not sure that he will come.'

(17) a. Es ist möglich, dass er nicht kommt.（德语）

'It is possible that he will not come.'

$\neq$ b. Es ist nicht möglich, dass er kommt.

'It is not possible that he will come.'

(18) a. Ja dumaju, čto on ne pridet.（俄语 转写式）

'I think that he will not come.'

$=$ b. Ja ne dumaju, čto on pridet.

'I don't think that he will come.'

（Horn，1978a：150）

（16）和（17）中的两组句子在否定提升后句义发生了变化，而（18）中的两句语义基本一致。这种情况与主句谓词的语义相关，前人的研究指出，不适用于否定提升的谓词应该处于数量等级（quantitative scale）中点以下位置或非常高的位置，而适用否定提升的谓词在数量等级上处于中点稍高一点的位置（Horn，1978a，2001；Gajewski，2005；沈家煊，1989）。

如何判断一个谓词是否正好位于数量等级的中点以上呢？Horn（1978a）指出，如果 P（S）与 P（¬S）在逻辑上一致，那么 P 就在中点或低于中点的位置；如果 P（S）与 P（¬S）在逻辑上不一致，谓词 P 就在中点以上。因此，（18）中的 *think*（认为）在中点之上，因为"认为会来"和"认为不会来"是不一致的。相反，（17）中的 *possible*（可能）在中点以下，因为"可能会来"和"可能不会来"是一致的。但是，这还不足以解释所有的否定提升，如例（16）中的 *be sure*（确定）也在中点以上，但它不能接受否定提升。Horn 解释说，否定提升不适用于量级很高的谓词，因为这种谓词蕴涵从句描述的状态事实上已发生或一定会发生。这一属性被称为"事实性"（faculty）："如果 P（p）蕴涵 p，那么谓词 P 就是事实性的。"（Gajewski，2005：88）如果我"确信"他要来，那就蕴涵"他要来"，因此"确信"具有事实性，在量级上处于极高的位置。

除了表示推测的词，表示意愿的词也存在语义强弱等级，且也会影响否定提升。比如：

(19) a. Gelmesini istemiyorum.（土耳其语）

　　his-coming I-don't-want

　　'I don't want him to come.'

= b. Gelmemesini istiyorum.（土耳其语）

　　his-not-coming I-want

　　'I want him not to come.'

　　（Horn，1978a：132）

(20) a. I demand that you do not come.

≠ b. I don't demand that you come.

(21) a. Je ne vous permets pas de venir.（法语）

　　'I won't allow you to come.'

≠ b. Je vous permets de ne pas venir.

　　'I allow you to not come.'

　　可见，道义或意愿也有强度等级之分，"允许"、"想要"和"要求"在意愿强度上呈现出了从弱到强的趋势。只有位于中间的"想要"可以接受否定提升。

　　Horn 基于英语语料提出了数量等级量表，将推测和意愿谓词按强度分为了弱、中、强三级[①]：

表 5 - 1

be able be possible	believe，suppose，think，be likely，probable figure to	know，realize be clear，evident be sure，certain be odd，significant

←—— WEAKER

——→

STRONGER ——→

may，might can，could allow，permit，let allowed be legal	should，ought to，better be supposed to · be desirable，advisable be a good idea want，choose，intend，plan to suggest，advise	must，have to need，be necessary be obligatory make，cause，force， order，demand，require

————————————————————

① 其他语言也有相应量表，如沈家煊（1989）的汉语谓词量表，Zuo（2020）的法语谓词量表。

只有位于量表中间项的谓词接受否定提升。从语义蕴涵的角度看，因为强势谓词的肯定形式 P（S）和否定形式 ¬P（S）蕴涵了相关命题 S（也有可能只有肯定形式蕴涵 S，如"be certain that S"），即 P（S）蕴涵 S，¬P（S）也蕴涵 S（或只有 P（S）蕴涵 S）；而弱势谓词的否定则意味着有关命题的虚假性，即 ¬P（S）蕴涵 ¬S。如果 S 的事实性或虚假性已被证实，否定提升后就会在事实性上产生矛盾；比如，"I'm sure he doesn't speak Danish"蕴涵了"he doesn't speak Danish"，而"I'm not sure he speaks Danish"则不蕴涵"he doesn't speak Danish"。相反，量级中间的谓词无论肯定或否定都不蕴涵 S 或 ¬S（Horn，1978a；沈家煊，1989），因此可以与否定提升兼容。①

需要指出的是，对于该应性的谓词，无论其语义强度如何，它都没有蕴涵义。它们的语义强度取决于"绝对"义务是否可以从该应谓词或它的否定形式中推衍出来（Horn，1978a：198）。但是，"绝对的义务（absolute obligation）比绝对的确定性更难确定……从'可能'到'确定'的认识论距离在心理上要大于相应的从道义性弱的'应该'到道义性强的'必须'在道义上的距离。"（Horn，2001：328）② 因此，在判断该应谓词能否与否定提升相兼容时，既需要考察其在语言系统中的规约性用法的强度，也需要考虑在具体语境中的语义强度。比如，同义词在不同语言系统中的规约义不同，法语中的道义谓词 falloir（应该）和巴斯克语的 behar（应该）在语言系统中属于强项，比英语的 should 和汉语的"应该"语力要强，但它们仍然接受否定提升。又如，具体语境——说话人的身份、态度、话语产生的场合、言内语境，等等——也会影响该应或意愿性谓词的强度：上级对下级说的"你应该完成工作后再去吃饭"显然比朋友之间的"你应该完成工作再去吃饭"语力更强。

清楚了否定提升的语义限制后，我们再来看基于否定提升的双重否定的语用功能。

从上文的例子中我们已经看到，主句否定比从句否定语力要弱，这是因为

---

① 汉语对应的谓词基本也符合上表的量级划分，但是在具体使用中却体现出了一些特性，我们将在之后的小节中进一步解释汉语中表推测和情态的谓词的数量等级。

② *... that absolute obligation is harder to pin down than absolute certainty ... for a number of languages to permit apparent neg-raising with strong scalar deontics（including French* falloir, *Russian* velet, *Basque* behar）*... The epistemic distance from likelihood to certainty is psychologically greater than the corresponding deontic distance from weak intolerant* devoir *to strong intolerant* falloir. （Horn，2001：328）

否定元素距离与其有逻辑联系的成分越远，否定语力就越弱。Jespersen（1924）首先对否定标记移位的原因做出了解释：许多语言中都有一种很强的倾向，就是把逻辑上应该属于从句的否定标记引到主动词上。这能产生一种委婉、礼貌或犹豫的效果。Horn 也基于 R 原则给出了另一个解释。他将格莱斯的会话准则简化为了两个原则：Q 原则（使你的贡献足够多；说得越多越好）和 R 原则（使你的贡献有必要；不要说超出必要的话）。R 原则可以节省言者的表达努力，但要求听者在解读话语时对言者所言进行扩充。事实上，否定提升后的话语有两种解释，即¬P（S）和 P（¬S），根据 R 原则，对话者倾向于选择强解释 P（¬S）。下例中，言者可以说（22a），其语义与（22b）和（22c）的语义相同，但听者会倾向于将（22a）解读为（22c），因而说（22a）会使表达更加委婉。

(22) a. I do not think she is happy.

b. It's not the case I think she is happy.

c. I think that she is not happy.

d. I think that she is unhappy.

与否定提升相对，另一种趋势是否定标记与被否定元素的距离的缩紧，即否定吸收（neg-attraction/neg-incorporation）（Klima，1964）。否定提升和否定吸收分别代表言者对所言内容的不确定和确定，或者言者对所言内容的非直接感知和直接感知。因此，（22a）的否定提升解读比（22c）弱，而作为否定吸收的（22d）却比（22c）更强（Sheintuch & Wise，1976：548）。Horn（1978a：132）指出，下列每个版本的否定语力或言者对"她不开心"的确信程度都比前一个版本弱一些或温和一些。

(23) I think she's sad.

I think she's unhappy.

I think she's not happy.

I think she isn't happy.

I doubt she's happy.

I do not think she's happy.

I don't think she's happy.

表道义或意愿的谓词与确定性无关，其语力对应言者意愿的强弱，或言者对从句主语的控制。因此，（19b）"I want him not to come" 不仅比否定提升后的（19a）"I don't want him to come" 更强烈或粗鲁，它还可能暗示"我"是为了他的缘故而希望他别来，而不是像（19a）那样，是为了我自己的原因，因此"he does not come"在（19b）中显得更具必须性和强迫性。这也是由于否定语力随着否定元素的融入（或形态吸收）而程度加强（Horn，1978a：132）。

既然否定提升具有委婉、礼貌或犹豫的效果，那么基于否定词移位的双重否定也是出于减缓语力的目的。对比"I don't think（that）it's not true"和"I think it's true"，或者"I don't want him not to come"与"I want him to come"，可以感受到双重否定之于肯定形式更加委婉和犹豫。主句为推测性谓词的双重否定在确定性上有所保留，而主句为意愿性谓词的双重否定相较于肯定形式则更加委婉。

综上所述，基于否定提升而生成的双重否定往往有减缓语力的作用，因而可以被用来表达委婉、礼貌或犹豫等。但是，否定提升受到主句谓词语义的限制，因此并不是所有谓词都接受否定提升，进而形成双重否定。本节基于已有研究做出了普遍性的探讨，但是，汉语否定提升及与其相关的双重否定还具有一些个性，我们将在 5.3 中专门探讨这一问题。

5.2.2　强弱项转换

我们在上一节中指出，只有语义强度位于中间项的谓词可以接受否定标记的转移。那么强项和弱项谓词是否就一定不能构成双重否定呢？其实不然，Horn 还指出，对弱项的否定（比如 *possible*，*allow*）会在对应的否定数量等级上变成强项（比如 *impossible*，*forbid*）。对强项的否定（比如 *certain*，*have to*）会在对应的否定数量等级上变成弱项（比如 *not certain*，*don't have to*）（Horn，1978a：194‑195）。其实，强弱谓词之间的转换也会产生双重否定，例如：

(24) a.　It's not certain that he didn't win. = It's possible he won.

b.　You cannot not go. = You must go.

这种强弱项的转换在逻辑上与存在量词（如 *something*，*somewhere*，*somebody*，*sometimes*）和全称量词（如 *everything*，*everywhere*，*everybody*，*always*）的否定有关。全称量词和存在量词的转换在逻辑式中的呈现如下：

(25) a. $\neg\forall x\neg\Phi = \exists x\Phi$

　　 Not everybody didn't come. = Somebody came.

　　b. $\neg\exists x\neg\Phi = \forall x\Phi$

　　 Nobody didn't come. = Everybody came.

在如下图（Horn，2020：8）所示的 Horn 逻辑方块中，上排表示全称量词，A 为肯定式 $\forall\Phi$，E 为否定式 $\forall\neg\Phi$。下排表示存在量词，I 指肯定式 $\exists\Phi$，O 指否定式 $\exists\neg\Phi$。

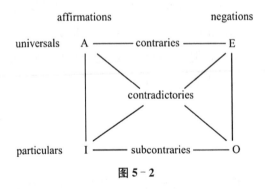

图 5‑2

如上图所示，A 与 O 为矛盾关系，即 $\neg\forall\Phi\leftrightarrow\exists\neg\Phi$（"Not everybody came" ↔ "Someone didn't come"）；如果我们用 $\neg\Phi$ 替换 Φ，会得到 $\neg\forall\neg\Phi\leftrightarrow\exists\neg\neg\Phi\leftrightarrow\exists\Phi$，所以 "Not everybody didn't come" 基本与 "Somebody came" 语义相同。同理，因为 I 与 E 为矛盾关系，即 $\neg\exists\Phi\leftrightarrow\forall\neg\Phi$，如果我们用 $\neg\Phi$ 替换 Φ，可以得到 $\neg\exists\neg\Phi\leftrightarrow\forall\neg\neg\Phi\leftrightarrow\forall\Phi$，则 "Nobody didn't come" 与 "Everybody came" 语义基本相同。因为涉及量词而非动词，在汉语中，此类双重否定的第一个否定标记一般为否定动词"无""没有"，后跟一个名词结构，比如"无恶不作""没有人不知道"。

借助逻辑方块，我们还可以解释属于强项和弱项的推测性谓词怎样通过强弱转换形成双重否定。与基于否定提升的双重否定一样，这类双重否定在逻辑语义上也呈现出¬P¬S的形式，其中P是一个弱项或强项的推测性谓词，比如："it is not possible that not P"（"不可能不P"或"非P不可"），"it is not certain that not P"（"不一定不P"或"未必P"）。这些双重否定表达了肯定含义；但这种肯定含义的语义强度与P（S）的语义强度有很大不同。比如，在（26a）和（26b）中，¬P¬S的语义强度比PS强，而（26c）和（26d）中的¬P¬S语义强度比PS弱。

(26) a. 我们不可能不成功。

    b. 这次出差很重要，非去不可。

    c. 当兵的不一定不打好人。

    d. 当兵的未必不打好人。

    （Zuo，2020：164）

（26）的例子可以用下面的逻辑方块来解释，其中□表示强推测，如"肯定""必须"，符号◊表示弱推定，如"可能"，S表示肯定从句，¬S表示它的否定形式。

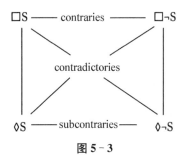

图 5-3

由于◊S和□¬S处于矛盾关系，可以得到¬◊S↔□¬S（"it is not possible that S"↔"it is certain that not S"）；如果我们用¬S替换S，就会得到¬◊¬S↔□¬¬S↔□S。因此，在（26a）中，"不可能不成功"的逻辑式为"¬◊¬成功"，而"必须成功"的逻辑式为"□成功"，二者具有相同的语义。同样，（26b）中的"非去不可"（¬◊¬go）蕴涵"必须去"（□go）。弱项到强项的转换也解释了为什么这两句话中的谓词双重否定的强度比它们对应的肯定形式（"可能"）要强。相反，语义强度的转换在（26c）和（26d）中是从强到弱的："一定"是一个强项谓词，"一定"的反义词语义强度较弱。正如逻辑方块所显示的，□S 和 ◊¬S 处于矛盾关系，所以 ¬□S↔◊¬S；用 ¬S 替换 S 可以得到 ¬□¬S↔◊¬¬S↔◊S。因此，"不一定不打"（"¬□¬打"）表示"可能打"（"◊打"），比其对应的"一定打"语力要弱得多。

表示道义或意愿的强势或弱势谓词也可以基于强弱项转变生成双重否定。比如，针对弱项的双重否定"不许不 P/不得不 P"（it is not allowed to not P），"不能不 P/不可不 P"（cannot not P），"不肯不 P"（not want to not P），"不接受不 P"（not accept to not P）；针对强项的双重否定"不必不 P"（not necessary to not P），"非强制不 P"（not be obligatory to not），等等。相应地，我们也可以用逻辑方块的形式来解释强弱项的转换。先来看几个例句：

(27) a. 一些农村学校的校长为了保证学校的正常运转，不得不四处筹钱。

  b. 教育学研究教育的目的，不能不关心人们对教育寄予的希望。

  c. 弟子不必不如师，师不必贤于弟子。

  d. 而在文明国家中，紧跟着控告而来的就是惩罚，惩罚既是强力，人们就没有义务不抵抗。

  （CCL）

以下逻辑方块中的 O 表示强项，P 表示弱项。

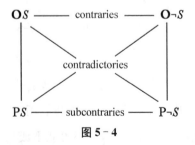

图 5-4

(27) 中的前两句主句谓词都是弱项谓词，在逻辑方块中表示为 PS。因为 ¬PS↔O¬S，我们可以推断出 ¬P¬S↔O¬¬S↔OS。例如，在（27b）中，"能"

是一个弱项谓词。"不能不 S"意味着"必须 S"。因此，双重否定加强了语力。(27) 的后两句主句谓词为强项谓词，¬OS 意味着 P¬S；用¬S 替换 S 可以得到¬O¬S↔P¬¬S↔PS。因此，"不必不如师"表示"可以如师"，比其对应的"必如师"语力要弱得多。同理，"没有义务不抵抗"表示"可以抵抗"，比其对应的肯定形式"务必抵抗"要弱。

需要注意的是，对于表道义或意愿的谓词来说，基于强弱项转换的双重否定仍然存在语力随语境变化的情况。除了我们在前面提到的不同语言的"规约化语力"和言外语境外，言内语境也会影响语力，对比下面两句：

> (28) a. 既不能不管现实的可能性，片面追求高速度，也不应消极
> 等待。
>
> b. 教育学研究教育的目的，不能不关心人们对教育寄予的希望。
> （CLL）

(28a) 强调两个极端都不可取，既不能"不管现实"地"追求高速度"，也不能"消极等待"，前一分句的"不能不"只是引出了需要避免的情况之一，而 (28b) 中则强调了一个方面，即"关心人们对教育寄予的希望"的必须性，所以，结合前后句，(28b) 语力比 (28a) 更强。

严格地说，¬P¬S 结构——其中 P 是一个弱势或强势谓词——并不是真正意义上的双重否定，因为在这种情况下，¬P¬S 是不能等同于 PS 的。主句谓词 P 必须由其在数量等级上的对立项来代替。必须说明的是，并非所有的强项或弱项谓词都可以通过转换形成双重否定。例如，事实性谓词"知道"，"意识到"，"注意到"和"埋怨"等都预设了¬S 的事实性，显示了说话人对¬S 的事实状态的态度，而不是否定补语¬S。同样，反事实的谓词，如"假装"，预设了相反的¬S。它们也没有否定客观命题。在这两种情况下，¬P¬S 中的两个否定不能相互中和。

我们还发现，汉语中基于弱谓词或强谓词转换的双重否定都在一定程度上被规约化了。例如"不得不 X"和"不能不 X"相当频繁地用于表达该应性，它们出现的频率远远高于其他双重否定。而其他双重否定的使用频率也是不一样的：在 CCL 语料库中，有 20 494 个"不得不 X"的例句，10 024 个"不能不

X"的例子，1 523 个"非 X 不可"的例句，844 个"不可（以）不 X"的例子。然而，"不可能不 X"有 476 个例子，"未必不 X"有 285 个例子，"不一定不 X"有 32 个例子，"不肯不 X"只有 10 个。

总而言之，基于强弱项转换的双重否定其实并不能将 ¬P¬S 转化为 PS；如果 P 是弱项的，必须用强项的谓词代替，如果 P 是强项的，则必须用弱项的谓词代替。但是，由于两个否定词相互中和，肯定形式 S 得以实现，而且这类双重否定已经规约化，我们仍然将其视为双重否定，其功能是使表达的强度由弱变强，以达到强调的效果，或由强变弱，以达到委婉的效果。

5.2.3　元表征

我们在第二章中介绍了多种元表征的形式，包括元概念否定和讽刺，它们都是对另一个表征的表征，而不是对客观世界的描述。一些双重否定也是元表征，它们可以表示不赞同一个已有否定表征的内容，也可以表示不赞同一个已有否定表征的语言形式。第一类可看作是对已有否定表征进行的元概念否定，如下面的例句：

(29) a. Non sans que leurs territoires empiètent les uns sur les autres.（法语）

'It is not that their territories encroach upon each other.'

b. Oft bleibt er leider unentdeckt, was für Schwangere und ihr ungeborenes Kind nicht ohne Risiko ist.（德语）

'Unfortunately, it often remains undetected, which is not without risk for pregnant women and their unborn children'

c. Not only is it not untrue, it's true!

d. 唯书固然不行，但不是不读书，而应该是读书和创新统一。

此类双重否定在汉语中有时会带有明显的元表征标记"是"，如（29d）所示，使得听者能够非常明确双重否定中的一个否定是基于另一个已有表征的否定，而不是对客观事实的否定性描述。对于元表征否定（包括元概念否定和元语言否定）在某些语言中的句法标记我们已在第三章和第四章有所分析，这里不再赘述。但需要指出的是，在"是"缺失的情况下，汉语的一些基于元表征的双重否定会被看作前两类生成机制（即否定提升和强弱项转换）的产物，进而产生一些不符合跨语言共性的现象，我们将在 5.3 中专门加以解释。

除了能够"解锁"元表征解读的句法或词汇标记，如"是"，"It is not that"，对话中的元表征类双重否定也较好识别，比如：

（30）——老板不同意是吧？

——他也不是不同意，但还需要时间考虑。

（Zuo，2020：167）

由于前一个人的问题预设了"老板不同意"，后者的否定回答就更倾向于被解读为否定前者的不适宜的表达。

从动机来说，基于元表征的双重否定要么增强原表征的语力，要么减弱原表征的语力，当然，也可以修改元表征的内容，具体动机一般体现在修正句上。比如，（29d）中双重否定的动机是削弱语力："而应该是读书和创新统一"说明言者虽然否定了"不读书"的情况，但也不想只是强调读书的重要性。如果将修正句改为下面两句，表达的语力就会变化：

（31）a. 不是不读书，还是要读书的。

b. 不是不读书，而是应该多读书。

（Zuo，2020：167 - 168）

事实上，如果已有命题¬P被反驳，更正小句的语力存在三种可能性：强度比 P 弱，强度等于 P，或者比 P 强。第一种情况如（29d）和（30）所示，更正句的语力比 P 弱。第二种可能性如（31a），它是为了纠正错误的陈述，因此不会加强或削弱一个表达。第三种可能性，如（31b），则加强了 P 的语力。

汉语中基于元概念否定的双重否定有"不是＋否定谓语"的形式。"是"在这种类型的双重否定中是必需的，因为汉语不允许"不"和另一个否定标记（"不"或"没（有）"）连续出现。例如，"不不满意"在汉语中是不可接受的表达。第一个"不"必须与"是"结合。因此，被否定的谓语（"不满意"）要位于"不是"的辖域内，所以必须说"不是不满意"。这种类型的双重否定拒绝的是元表征的内容，即否定一个原有表征。

元表征既可以是对另一个话语内容的回声性用法，也可以关于另一个话语的语言形式，因此，双重否定可以是基于元概念的否定，也可以是基于元语言的否定。正如 Horn（2010）所指出的，双重否定有时被用来实现与前面话语平行的结构，比如"$B_{NEG,}$ if/but B'"中，B' 使用双重否定比肯定形式更自然。

（32）It's not satisfactory，if not unacceptable.

第二个分句中的双重否定"not unacceptable"与第一个分句中的"not satisfactory"并列，这种平行的句法结构突显了"不满意"和"不可接受"之间的对照。

除了内容上的对照，语言形式上的对照也会促成双重否定的使用，如（33）：

（33）分行的不一定是诗，不分行的也不一定不是诗。

这种双重否定的目的不是加强或减弱表达，而是通过一个平行的句法结构来突出两个分句的对照。如（33），两个并列分句有类似的结构，即 A 不一定 B，不 A 也不一定不 B，这种语言形式上的相似性可以突显 A 和 B 在语言形式上的对比关系。

另外，因为讽刺表达了说话人对某一表征不认同的态度，所以带有讽刺语气的否定句也是双重否定，如（34）：

（34）张三：我做饭不行。

（李四在品尝了张三做的美味饭菜后，用一种讽刺的语气说）
李四：你做饭真不行啊！

具有讽刺意味的双重否定经常以明确的否定形式出现在感叹表达中，第三章的汉语规约化讽刺表达"好不＋Adj"就是一个典型例子。我们再来看看"好不＋贬义形容词"和"好不＋一般褒义形容词"这两个元概念否定结构：

（35）a.（好不蛮横）

——我可一点不蛮横。

——你好"不蛮横"啊！

b.（好不热闹）

张三：人不多，不热闹。

（张三告诉李四，参加聚会的人很少，但当李四到达时却发现有很多人，气氛很好）

李四：好"不热闹"啊！

"好"为其后的否定表达增加了讽刺的语气，表达了与否定句相反的意思：（35a）中的"好不蛮横"实际上是"好蛮横"，（35b）中的"好不热闹"其实是"好热闹"。在这个意义上，"好不＋普通褒义或贬义词"是一个双重否定结构，它表达了对一个否定表达的否定态度，实质上表达了肯定的意义。当然，被否定的已有陈述也可能不是明示话语，而是归于第三方或说话者本人的信念或想法。通过添加程度副词"好"，言者表明了其不赞同的态度，从而形成了一个讽刺性的双重否定，基于讽刺的双重否定比其对应的肯定表达语气更强。

除了讽刺，反问作为元表征的另一个子类别，也可以形成双重否定，它的语力也比对应的肯定表达更强。反问句不是为了得到答案而问的，在知道答案的前提下，提问者实际上是想做出与对方先前的话语或想法相反的陈述。因此，反问句其实是一种元表征。如果说话者想通过"反问句"否认的想法或话语是否定形式，就会形成一个双重否定，比如：

（36）a. 照搬苏联的模式难道不是错误的？

b. 别墅和高薪，能不让人心动吗？

c. 这种状态，怎么能不影响工作呢？

d. 谁不知道"知识无价"这个道理呢？

（CCL）

（36a）和（36b）的反问语气和否定标记一起形成了双重否定。这两个反问句实际上表达的是肯定义，但比肯定形式更加令人印象深刻：（36a）的意思是，"机械地复制苏联的模式确实是一个错误"；（36b）则指出，"别墅和高薪肯定会引起人们的兴趣"。（36c）可以转化为$\neg \Diamond \neg S \leftrightarrow \Box \neg \neg S \leftrightarrow \Box S$，也就是说，"这种状态不可能不影响工作"↔"这种状态肯定会影响工作"。（36d）表达了说话人对"有人不知道'知识是无价的'"的否定态度。它可以简化为逻辑形式$\neg \exists x \neg \Phi = \forall x \Phi$，即"每个人都知道'知识是无价的'"。

总而言之，基于讽刺和反问的双重否定只有一个明示的否定标记。讽刺的语气或反问的语气都显示了说话人对原有否定陈述不认同的态度，也被认为是一种否定。因此，我们把它们也列入了元表征型双重否定的范畴。此外，这两类双重否定由于语力太强会给人一种强迫感，甚至成为一种容易冒犯他人的不礼貌的表达方式，我们将在第六章分析反问型双重否定引起的沟通问题。

综上所述，对已有否定的内容的显性和隐性否定（如讽刺、反问）都形成了双重否定。基于元概念否定的双重否定的语力可能比其对应的肯定表达更弱或更强。相比之下，具有讽刺或反问性质的双重否定比其对应的肯定形式语力更强。对前一个陈述的语言形式的呼应使用也会形成双重否定，其目的是建立一个平行结构。

5.2.4　曲言法

曲言法指的是通过否定一个肯定表达的反面来传达肯定义[①]。如果说基于元概念否定的双重否定位于元表征层面，那么基于曲言法的双重否定就是在描述层面。更确切地说，说话者并没有否认一个已经存在的表征，而是直接选择了一种迂回的方式来描述一种状态。

Horn（2001）给出了使用"not unA"的理由，其中最后两条明显属于元表征，其他则都属于由曲言法产生的双重否定。Horn 的解释如下：

● 质量：说话者不确定 A 是否成立，或者确定 A 不成立（其中 unA 与 A 呈相反关系）。

---

① Litote：understatement in which an affirmative is expressed by the negative of the contrary（Webster's Third New International Dictonary）

● 礼貌或不自信：说话者知道（或坚信）A 成立，但出于礼貌、谦虚或警惕的原因不敢直接提到它。

● 风格：为了增加重要性或使人印象深刻，说话者故意违反简洁性。

● 缺少对应的肯定表达：不使用 A 的原因是 A 不存在，或不可能在上下文中适当地使用 A。

● 结构的平行性："not unA" 与先前的 unB 并列，如结构 "Bneg, if/but B'"，其中 B' 用双重否定更加自然。

● 最小化处理，用于直接反驳或形成对立："x is not un A" 是对先前的话语 "x is unA" 的反驳。①

在我们看来，属性 A 的无效性、A 的不存在或不适当是使用 "NEG NEG A" 最直接的原因，比如：

(37) 张三：经理同意你的方案吗？

　　李四：他没有不同意。

(Zuo，2020：171)

(38) 他没有不知天高地厚。

（同上：172）

(37) 中，考虑到老板的态度是模棱两可的，李四不能说老板同意了。但由于老板没有明确表示反对，他可以说老板没有提出异议，即"没有不同意"。这时，说话者不确定 A 是否成立，因此只能用否定非 A 来说明 A。在 (38) 中，不存在 NEG A 对应的肯定表达，因为"天高地厚"总是与"不知"一起

---

① Quality: S is not sure A holds, or is sure it doesn't (where un A is contrary of A).

Politeness or diffidence: S knows (or strongly believes) A holds, but is too polite, modest, or wary to mention it directly.

Weight or impressiveness of style: S violates brevity precisely to avoid brevity.

Absence of corresponding positive: *not unA* is motivated by the non-existence of A, or by the impossibility of using A appropriately in the context.

Parallelism of structure: *not unA* is in juxtaposition with earlier *unB*, as in the construction *Bneg if/but B'*, where B' is more naturally realized as a DN.

Minization of processing, in contexts of direct rebuttal or contradiction: S's assertion *x is not unA* is triggered by an earlier assertion (or suggestion) to the effect that *x is unA*.

使用。因此，(38) 的言者只能选择一个双重否定的表达方式。

使用曲言法来创造礼貌或修辞效果的情况也很常见，比如：

(39) 假如这样理解，这口号并不无道理。

(Zuo，2020：172)

(40) —— Are you licking toads?

—— I'm not not licking toads.

(Horn，2010：119)

(39) 中的双重否定"不无道理"取代了它对应的肯定表达"有道理"，因为后者语力太强了，而双重否定则显得谨慎、委婉。当然，它也可以理解为已经有人指责这个口号没有道理，言者对这种说法进行了反驳，这种情况下，(39) 就是基于元概念否定而非曲言法生成的。(40) 的说话者不好意思直接承认自己舔了红蟾蜍，但自己又确实这么做了，所以回答"not not licking"比回答"yes，I'm licking it"显得更无辜 (Horn，2010：119)。

在大多数情况下，曲言形式的双重否定语力不如对应的肯定形式强，因为根据礼貌策略，应该避免直接点明对话者的消极品质。说话者必须委婉地提出异议、责备、批评、吹嘘等。只有出于文体原因产生的双重否定才是为了给人留下更深的印象（如 (40)）。基于曲言法的双重否定的逻辑式为¬（¬P），但它在汉语中并不使用"不是"作为否定的标记，因为它是描述事态的迂回表达方式，而不是对已有表征的反驳。比如，下例中 Lucy 的问题并没有预设"Robbie is not friends with Mary"，所以，Robbie 的回答并不是要否定已有表征"I'm not friends with Mary"，而是直接用¬（¬"be friends with Mary"）来描述事态：我跟她算不上朋友，但也不能说不是朋友。Robbie 采用这个基于曲言法的双重否定，是因为她确定"I'm not friends with Mary"不成立，而不确定"I'm friends with Mary"成立。

(41) Lucy：Are you friends with Mary?

Robbie：I'm not *not* friends with her.

（转引自 Horn，2020：21）

综上所述，双重否定的产生有四种机制：否定提升、弱项谓语和强项谓语之间的转换、元表征和曲言法。基于否定提升的双重否定经常被用来削弱表达的强度。基于曲言法的双重否定也是一个削弱语力的策略，除非它以创造一个令人印象深刻的风格为目的。基于元概念否定或元语言否定的双重否定位于元表征层面上，它有三种可能的功能，即削弱、纠正或加强表达。至于由强项谓语和弱项谓语之间的转换所产生的双重否定，其目的是削弱或者加强表达。

由于具有不止一种功能，基于元概念否定的双重否定必须在特定的背景下被解读。此外，双重否定的道义或意愿性谓语的语义强度也取决于上下文或话语产生的具体语境，我们将在第六章详细讨论听者对双重否定的理解。

5.3　汉语双重否定的个性

我们在上文中指出，否定提升也是双重否定的一种生成机制，否定标记提升后一般会起到使表达更加委婉的作用。然而，一些英汉对比研究指出，比起英语，汉语否定提升受到了更多的限制。我们将在这一节讨论汉语否定提升的个性是否符合前文总结的四类普遍生成机制。

一些汉语研究指出，否定提升的普遍规律是基于对光杆动词的分析而得出的，并不适用于加了修饰语的动词。比如，在光杆谓词前加修饰语会妨碍否定提升，如"范围副词[①] + Neg"和"方式副词 + Neg + VP"都禁止否定提升：

(42) a. 不全都是狗娘养的。

　　　 ? b. 全都不是狗娘养的。

(43) a. 不适当地灌溉施肥。

　　　 ? b. 适当地不灌溉施肥。

(尹洪波，2015：49)

(42a) 中的否定词位于范围副词之前，否定辖域为宽域，在语义上是部分

---

① 比如"都""全""一概""一律""通通"等。

否定，（42b）的否定词位于范围副词之后，否定辖域为窄域，在语义上是全否定，意义差别很明显。同样地，（43a）的否定辖域为宽域，而（43b）的否定辖域则变为窄域，意义也发生了明显的变化。

然而，上面两例在英语中对应的句子似乎并不存在上述问题。例如：

（44）a. Not all of them are sons of bitches.

　　　b. None of them are sons of bitches.

（45）a. Inappropriately irrigate and fertilize.

　　　b. Appropriately stop irrigating and fertilizing.

通过对比可见，汉语例句涉及了否定词"不"的移位，而英语有不同的否定形式（否定副词 not，否定代词 none，否定前缀 in-等），有具备否定含义的动词 stop 来排除歧义，锁定否定范围。由于不涉及副词 not 的移位，（44）和（45）并不是否定提升。所以，汉语这一否定提升的"个性"主要是由汉语词形和词法特征造成的，对讨论否定提升的普遍规律，以及基于否定提升生成的双重否定意义不大。

李双剑、陈振宇、范轶赟（2022）指出，否定词与限制副词的关系更复杂一些，有时禁止否定词下降到限制副词之后，有时相反，比如下例中的"认为"为中项词，但却不一定接受否定提升：

（46）a. 我一点儿也不认为她勇敢。

　　　b. *我一点儿也认为她不勇敢。

　　　c. 我认为她一点儿也不勇敢。

（47）a. 我不*很/*非常/*十分认为她勇敢。

　　　b. 我不认为她很/非常/十分勇敢。

　　　c. 我认为她不很/*非常/*十分勇敢。

（48）a. 我不怎么认为她勇敢。

　　　b. 我不认为她怎么勇敢。

　　　c. 我认为她不怎么勇敢。

李双剑等认为例（46a）中的"一点儿也不"是一种构式，所以不能拆开。实质上，"一点儿"是否定极词，只能出现在否定环境中，而（46b）中的"一点儿也认为"是肯定环境，所以不能出现否定极词。（46b）在其他语言中也是不被接受的，如*"I think that she is brave at all"。因此，（46）中否定提升受到的限制并不算是汉语的个性。

再看程度副词，陈振宇指出，"认为"有无量性特征，而"很、非常、十分"等却要求所修饰的谓词或谓词短语必须有量性特征，所以它们不能出现在"认为"前，如（47a）所示。其次，"很"可以直接受"不"的修饰，但"非常""十分"等不可以，这是因为"很"在经过频繁使用后"去主观化"了，而"非常""十分"等还保留有相当强的主观性，如（47c）所示。此外，（48）中的"不怎么"是固定表达，可作修饰语，而肯定形式"怎么"不能作为修饰语，比如：

（49）我不认为她不怎么勇敢。

　　*我认为她怎么勇敢。

"上述汉语现象在西方语法学中很少予以考虑，这是因为在英语等语言中，*think* 一类的词一般不加程度标记或总括、限制、方式修饰语等，而且即使加上，也和否定词不在一个句法轨层上：事件的方式修饰语很难与否定词共现，而程度、总括、限制都在'否定词＋动词'核心之外，不能受否定词直接约束。"（李双剑 等，2022：302）由此可见，（47）和（48）体现的个性主要是由汉语的句法词汇特征造成的，并不违反认知语用上的普遍规律。

汉语中的时态也会对否定提升产生阻碍，比如：

（50）a. 我没想过你是在纠缠我。

　　≠ b. 我想过你不是在纠缠我。

（51）a. 我没有正在建议他辞职。

　　≠ b. 我正在建议他别辞职。

否定提升如果受阻，基于否定提升的双重否定也就无法生成：

(52) a. 我没想过你不是在纠缠我。

≠ b. 我想过你是在纠缠我。

(53) a. 我没有正在建议他辞职。

≠ b. 我在建议他别辞职。

李双剑、陈振宇、范轶赟（2022：303）利用 Bartsch（1973）的语用推理公式对这一现象做出了解释，公式如下：

a. P（x, P）∨ P（x, ¬P）

b. ¬P（x, P）

c. P（x, ¬P）

他们认为，时间对语句的影响在于取消了 P（x, P）和 P（x, ¬P）的对立，导致 P（x, P）为假并不等于 P（x, ¬P）为真。比如，"你是在纠缠我"这件事"我"没想过，但是"你不是在纠缠我"这件事"我"想没想过并不确定。同样，"建议他辞职"不是"我"正在做的事，但"建议他别辞职"是不是"我"正在做的事并不清楚。因此，主句动词"动态化"（即存在时间过程）阻碍了否定提升，所以汉语否定词一般只有"不"可以转移，而"没"和"别"则不行（Zuo, 2020；李双剑 等，2022）。[①] Zuo（2020：160）指出，否定主句谓词的"没"不仅是否定标记，也是"体标记"，它关注的是主句事件的完成或进展，而不是从句中的内容。因此，如果"没"出现于 ¬P¬S 结构的主句谓语之前，那么否定提升的解读将被阻碍，¬P¬S 也就无法转换为 PS。

不过，以上解释对其他语言也同样适用，比如：

(54) J'ai pensé qu'il n'avait pas gagné. ' ≠ Je n'ai pas pensé qu'il avait gagné. （法语）

'I thought he didn't win. ' ≠ 'I didn't think he won. '

---

① 有一种例外情况，"没（有）"已发展出一种主观否定用法，并不与动态时间相关，这时就可以用于否定提升。如"我没觉得执行难"＝"我觉得执行不难"。（李双剑 等，2022：304）

(55) Je n'ai pas pensé qu'il n'avait pas gagné. ' ≠ 'J'ai pensé qu'il
   avait gagné. （法语）

'I didn't think he didn't win. ' ≠ 'I thought he won. '

如上所示，法语和英语在主句谓词为过去时态时，也不能进行否定提升。因此，否定提升受时态限制也并非汉语的个性。

最后，Zuo（2020）提出，汉语的"想"既可表示推测，相当于"认为"（如"我想他会同意的"），也可表示意愿，即"想要"或"希望"，当"想"表示意愿时，否定提升是强制的，所以从句带显性否定标记的双重否定是不可接受的（如（57）），比如：

(56) a. 我不想在这里批评这种高论。

   ≠ b. *我想在这里不批评这种高论。

(57) *我不想在这里不批评这种高论。

汉语强制表示意愿的"想"否定提升，英语则正好相反，*hope* 的否定提升是被禁止的（Horn，1989），即只能说"I hope that he will not come"，不能说"I don't hope that he will come"。德语的 *hoffen*，荷兰语的 *hopen*，法语的 *espérer* 则既不禁止也不强制否定提升。Horn（2001：337 – 361）认为这是由于语义相近的词在不同语言中的短路含义不同，类似 *hope* 的中项谓词也可能不接受否定提升。

以上介绍的限制或基于汉语句法或词汇特征产生，或属于规约化现象，都不对生成机制的普遍性规律造成影响。相反，接下来要分析的汉语否定提升的个性可能会对 5.2 中总结的规律造成一定的挑战。Xiao & McEnery（2008）基于语料库研究指出，汉语中的否定提升极为少见，即使是表示推测的"认为""觉得""显得"一般也不会出现否定提升。Xiao & McEnery（2008）的发现呼应了方立（2002）的结论，后者认为汉语虽然存在否定提升，但"我认为……不……"出现得更多。在将英语翻译成汉语时，多采用未否定提升的形式来翻译，比如：

(58) a. I don't suppose he will come. 我想他不会来。

     b. I don't think she loves him. 我认为她不爱他。

（《英汉大词典》，转引自李双剑 等，2022：305）

    为了证实这一说法，范轶赟（2014）及李双剑、陈振宇、范轶赟（2022）以问卷的形式对在中国汉语方言区说普通话的人进行了调研，问卷分为两个部分：第一部分为判断从句否定（"我觉得明天不会下雨"）与主句否定（"我不觉得明天会下雨"）语义上是否近似，以及主句否定是否通顺；第二部分为回答哪些主句否定在生活中会被主动使用。李双剑、陈振宇、范轶赟（2022）发现，大量中项谓词（如"打算""认为""相信"）被认为在主句否定和从句否定中语义理解一致，且其中一部分谓词被认为很可能被说话人主动用于主句否定，这一结论与 Xiao & McEnery（2008）的发现不一致。他们由此提出，汉语否定提升现象有其特殊的一面，汉语中起关键作用的并非词汇语义，它仅起"准允"作用，真正导致语法化的是语用机制。他们指出，与 Horn 主张的否定标记离谓词越远否定程度越低相反，大多数被调查的普通话使用者认为"我不觉得 P"的强度要高于"我觉得不 P"，因为"我不觉得 P"只用于否定辩驳的语境，即当强烈否认一个预期性的认识时，使用主句否定来加强语句的辩驳语气。他们的调查还显示，一些主观性强，或在使用中被规约化为反预期或反常理标记的词是最容易被主动用于主句否定的，其中包括：表推测的"觉着、认为、相信、觉得"，表意愿的"打算、赞成、主张、喜欢、要、希望"，以及本身具有很大主观性的表量成分，如"一点儿也不、都不"。他们由此得出结论："汉语否定提升是语用性质的，用于主观辩驳与否定，而并非出于委婉的需求。"（李双剑 等，2022：298）

    事实上，英语的否定提升"I don't think（that）it's true"有两种解读："I think that it's not true"和"it is not the case that I think it's true"。在 Horn 看来，第一种解读是无标记的，第二种是有标记的，而汉语正好反过来，对已有表征的反驳是无标记的，根据 R 原则推导出的强势解读即"I think that it's not true"则是有标记的。根据我们上一节的分析，很多汉语中的双重否定其实是来自元概念否定，而非否定提升。换句话说，英语中的"I don't think that it is not true"是"I think that it is true"的委婉表达，后者可通过 R 原则从前者中推导出来，且二者可通过否定提升在语义上实现"负负得正"的效果。但汉语中的"我不认为这不是真的"却表示我对"这不是真的"这一说法或想法表示不赞同的态度，属于反驳一个已有表征的双重否定。

李双剑、陈振宇、范轶赟（2022）发现的汉语否定提升的个性给了本研究很大启发，但我们还有一个不同的看法，我们认为无论在英语还是汉语中，一个双重否定或者主句否定到底是基于否定提升的委婉表达，还是基于元概念否定的反驳，都需要在语境中判断。汉语的"我不认为 P"在具体语境中也有可能表示"我认为不 P"，英语的"I don't think that P"也有可能在语境中表示"It's not the case that I think P"。而且，元概念否定并不一定是否定程度高的"加强型"否定，它也有可能作为一种间接的、隐含的手段表达不认同的语用策略。比如我们在第三章中讨论的"不是我批评你""不是我自夸"等元语用标记，它们的目的正是避免或减少人际交往中潜在的冲突或冒犯，因此并不需要加强否定程度或"辩驳"的语力。在具体的社会文化背景下考察元概念否定，也会发现很多"减缓语力"的用法。比如，Albu（2017）分析了英国和罗马尼亚政治演讲中的元概念否定，认为政客预估到听者对他们的负面评价后，会在演讲中利用元概念否定"隐含"地否认这些批评，比如下例：

(59) Elizabeth Truss：... We have upped the amount of free child care for three- and four-year-olds from 12 and a half hours a week to 15 hours a week，supporting hard-working families，but we are not making unfunded promises such as spending the bankers' levy 11 times. (UK Parliament，6th January 2014)

上例中的演讲者和她的党派并没有被指责开空头支票（Albu，2017：16）。所以，通过元概念否定，言者并不想强调一个不针对她和她的政党的指责，而是想以隐含的方式将自己的政党与被指责的其他政客区别开来。通过元概念否定，她可以用较为隐含的方式表达："如果你认为我们开空头支票，这不是事实。有其他人在这么做，但不是我们。"（Albu，2017：16）在此例中，使用元概念否定的言者显然并不想要加强否定程度或反驳的语力，相反，她想轻描淡写地传达辩驳之意，这样做的目的是在表明自己的立场的同时避免引起更多的争论。比如，如果明确提出"我们没有开空头支票"，可能有人会表示反对，继而引起不必要的争论。

综上所述，在这一小节中，我们讨论了汉语否定提升的一些个性。我们发现，汉语的部分个性是由句法词汇特征造成的，它们并不构成普遍生成规则的反例，另一些个性则同时存在于其他语言中，因此实际上算不上汉语的个性。汉语真正的个性在于一些看似来自否定提升的结构实质上是元概念否定，其语用动机不是委婉表达，而是反驳一个先行的想法或说法，语力反而比肯定形式要强。所以，汉语中的主句否定与英语的解读可能并不一致。至于此类双重否定到底要解读为哪一种类型，是缓和语力还是加强语力，则取决于具体的语境。

5.4 超否定

前文提到，汉语界的研究比较关注"负负得正"的双重否定现象，而类型学研究则倾向于讨论"负负为负"的否定一致现象以及否定一致与双重否定的关系。

5.4.1 否定一致

否定一致即句子否定标记与 N-word 共同表示逻辑上的单一否定义。除了本章例（1）至例（3）展示的意大利语、法语、英语方言，否定一致还出现在很多其他语言中，比如：

(60) a. (*No*) *he   dit res.*（加泰罗尼亚语）

　　　Not have. 1sg said n. thing

　　　'I haven't said anything.'

　　b. *Balász*（*nem*）*látott semmit.*（匈牙利语）

　　　Balász not saw n-thing

　　　'Balász didn't see anything'

　　c. (*Dhen*) *ipa TIPOTA*.（希腊语）

Not said. 1sg n-thing

'I didn't say anything. '

d. *John-wa nani-mo tabe-（nak）-atta*.（日语）

John. TOP n-thing eat. not. PAST

'John didn't eat anything. '

（Giannakidou & Zeijlstra，2017：7）

关于否定一致的研究首先讨论了 N-word 的性质（Van der Wouden & Zwarts，1993；Van der Auwera & Van Alsenoy，2016；Espinal，2007），N-word 一般可作如下定义：

满足以下条件的 α 可被定义为 N-word：

A. α 可用于包含句子否定或另一个 α 的结构中，且产生相当于单一逻辑否定的解读；

B. α 可以构成否定回答（在没有显性否定词存在的情况下[①]）。

（Giannakidou & Zeijlstra，2017：7）

一些学者认为，N-word 在一定程度上与负极性词（NPI）相关，因为它们在句子否定之后可以相互替换。比如，"Personne n'a rien dit"（谁也没说什么）与 "personne n'a dit un mot"（谁也没说一个字）两句中，前一句的 N-word "rien" 可以换成负极性词 "un mot"[②]，从而得出后一句。还有人认为 N-word 有歧义，它们处于句子否定的辖域之内时表示∃，处于句子否定的辖域外时则表示¬∃（Corblin，1994；Zwarts，1993）。比如：

（61）*Personne ne croit personne*.（法语）

---

① 比如：—Qu'est-ce que tu as dit? —Rien.

'—What did you say? —Nothing. '

Rien 在没有其他否定词的情况下单独构成了否定回答，而在句子否定中，*rien* 需要与 *ne* 同时出现，才能充当句子否定标记。

② un mot（a word）为只出现于否定环境的负极性词，比如：

Il　n'a pas　　dit un mot

3sg NEG-PAST.　say a word

'He did not say a word. '

参见 Tovena，Déprez & Jayez（2004：407）

No one NEG believe no one

'Nobody believes nobody. '

¬∃x¬∃y (believe x, y).

(62) *Il n'y a personne qui ne croit personne.*（法语）

There. is no one conj. NEG believe no one

'There is nobody who believes nobody. '

¬∃x¬∃y（believe x, y）

（61）中的"personne"出现在了句子否定标记"personne ne ..."之后，在句子否定的辖域内，因此表示∃y。而（62）中，最后的"personne"不在句子否定标记"ne personne"的辖域之内，因此"personne"表示¬∃y，¬∃x¬∃y一起表示双重否定。

前人的研究也专门分析了可被解读为否定一致或双重否定的歧义句（Corblin & Tovena，2001；De Swart & Sag，2002；De Swart，2009）。有歧义的句子如下所示：

(63) *Personne n'a   rien   fait.*   （法语）

No one NEG-has nothing done

a. No one has done nothing（i. e. ，everyone did something）.

［双重否定］

¬∃x¬∃y（Do x, y）

b. No one has done anything. ［否定一致］

¬∃x∃y（Do x, y）

Corblin & Tovena（2001）借用了 Jespersen（1924）的"否定先行"原则来解释双重否定与否定一致的歧义，即：要使一个分句是否定极性的（其动词处于否定的辖域内），谓语之前的位置要有否定标记。否定先行原则在不同自然语言中有不同的表现形式。以意大利语为例，当谓语之前有且仅有一个否定词汇标记"non"时，后跟 N-word 可以获得否定一致的解读；如果否定词 non 前还有另一个否定标记，就会导向双重否定的解读，比如：

(64) a. *Non è venuto nessuno.*［否定一致］　（意大利语）

NEG come-PAST nobody

'Nobody came.'

b. *Mai nessuno non guarda la partita.*［双重否定］

ever nobody NEG watch the match

'Nobody ever doesn't watch the match.'

De Swart & Sag（2002）提出，一连串不定指的否定标记既可以被解读为量词的迭加，也可以被解读为量词的重复；迭加即双重否定，重复即否定一致。De Swart（2009：242）认为，在一系列"否定表达式"（Neg-expression）处于单一的述词论元（predicate-argument）结构时，［句子否定标记＋N-word］更倾向于被解读为否定一致。这一说法解释了为什么同时出现的句子否定标记和否定词缀（例如，*not impossible*，*not uncomfortable*）会形成双重否定，因为根据 De Swart 的说法，否定词缀并不构成"否定表达式"。至于为什么不同命题中出现的否定表达式或句子否定标记会被理解为双重否定，De Swart 指出是因为这些否定表达存在多个"述词论元"结构。

　　除了句法或形态层面的分析，也有研究从语用上区分了否定一致和双重否定。Alonso-Ovalle & Guerzoni（2004）提出 N-word 产生了否定性的规约含义，例如：

(65) Maria stara' morendo di fame, non ha mangiato niente oggi.（意大利语）

Mary will be starving to death not has eaten nothing today

'Mary is probably starving：she hasn't eaten anything today.'

(66) Non ha mangiato NIENTE, ha mangiato un panino!（意大利语）

Not has eaten N-THING　　she ate　　a sandwich

'It's not correct that she didn't eat anything：she ate a sandwich!'

（Alonso-Ovalle & Guerzoni，2004：17）

"Non ha mangiato niente"（她没有吃任何东西）这一陈述在（65）中是否定一致，但在（66）中是一个双重否定。根据 Alonso-Ovalle & Guerzoni（2004）的分析，"niente" 这个 N-word 有一个规约含义，即 "she hasn't eaten anything today"。因此，（66）是对这一规约含义的反驳，根据本书第四章的分析，它构成了一个元语言否定，但并不影响命题的真值。不过，这个解释有一个问题：（65）中同样有 "niente" 这个词，所以（65）也同样存在对规约含义的否定，为什么（65）没有形成双重否定呢？

　　Puskás（2012）也将含有 N-word 的双重否定视作元语言否定。她首先提出这种双重否定有强弱两种类型：强的双重否定如（67B$_1$），not 在语音上要重读，在这种情况下，否定词的辖域较广，即反驳 "Mary has bought nothing" 整句话。相反，当相应的 N-word 被看作一个对比话题，并后接弱更正句时，就会出现弱双重否定如（67B$_2$）。（67B$_2$）有多个 "非对立"（non-contradictory）的选项可以替代 "nothing"，比如 "nothing really expensive"，"nothing luxurious"，"nothing useful"，等等。Puskás 还提出，"由于 N-terms 的性质和相关语言的语篇功能不同，触发 N-word 的双重否定解读的机制也不同"（Puskás，2012：645）[1]。

(67) A：Mary has bought nothing.

　　 B$_1$：She did NOT buy nothing — she bought up the whole town!

　　 B$_2$：She did not buy nothing, just nothing really expensive.

　　可见，强双重否定会转换已有话语的正负极性，而弱双重否定只反驳已有话语的一部分。Puskás 认为将已有话语的正负极性逆转的否定是元语言否定，因为元语言否定的定义是 "反驳先行话语，无论反驳它的哪一个方面"（Horn，1989：363）[2]。但在本书第三章，我们把针对已有话语所有方面的否定统称为"元表征否定"，而反驳已有话语明示内容的（即 Puskás 所指的逆转正负极性的

---

① *The mechanisms which license n-words contributing the DN reading are different，due to the differences in the nature of the n-words，and to the discourse-functional behavior of the language.*

② *... an objection to a previous utterance，on any grounds whatever*

否定）是元概念否定。因此，在我们看来，Puskás 的强弱双重否定其实都是元概念否定，都不涉及命题的真值。

最后，一些类型学领域的学者一直致力于研究和对比各种语言中的否定一致现象，探索了多种语言中否定一致的共性，且关注到了很多前人的研究较少讨论的语言（如意第绪语、乌拉尔语、纳克-达吉斯坦语、达罗毗荼语等），还专门分析了牙买加语、科拉特语和巴尔托-斯拉夫语中否定一致的个性。由于汉语中没有否定一致现象，我们对此不再深入讨论。在接下来的部分，我们将讨论汉语中是否存在其他超否定现象。

5.4.2　汉语中的超否定

前文提到，汉语中两个否定标记往往互相抵消形成肯定义。那么，汉语中到底有没有多个否定加强否定的"超否定"呢？我们认为汉语中的 NEG X NEG Y 结构以及延续否定具有超否定的性质。

NEG X NEG Y 结构中的两个否定词由相同的否定标记表示，并且从不相互抵消。但它们是否能形成超否定取决于 X 和 Y 的语义含义。汉语中的 NEG X NEG Y 结构可体现为"不 X 不 Y"，"没 X 没 Y"或"无 X 无 Y"，其中 X 和 Y 可呈现出以下三种关系之一：

A. X 和 Y 是同义词或属于同一语义场，如"不离不弃"，"不闻不问"，"不清不楚"，"不明不白"，"不干不净"，"没头没脑"，"没心没肺"，"无忧无虑"等。

B. X 和 Y 呈对立关系，如"不多不少"，"不早不晚"，"不冷不热"等。

C. X 是 Y 的条件，如"不破不立"，"不辩不明"，"不练不熟"等。

第二类表示一种"适中"的状态，两个"不"分别否定了两种极端情况，并没有加强对任何一端的否定。第三类是条件句的紧缩状态，正如我们在 5.1 中提到的，条件句主从分句的否定并不能互相抵消。只有在第一类中，即 X 和 Y 是同义词或在同一语义场时，NEG X NEG Y 可以构成"超否定"。在这种情况下，为了强调否定义，说话者有意为每个语素分配一个否定词，即使它们不能独立使用，这时所有的 NEG X NEG Y 都可以被一个包含单一否定的表达式所替代。

A. 当 X 和 Y 是同义词，且可以组合成为一个双音节形容词时，NEG X NEG Y 可以被 NEG XY 取代。例如，"不清不楚"可以替换为"不清楚"，"不干不净"可以替换为"不干净"。

B. 当 X 和 Y 是同义词时，NEG X NEG Y 的含义也可能与 NEG X 或 NEG Y 相同：例如，"不慌不忙"的含义几乎等同于"不慌"或"不忙"。

C. 当 X 和 Y 处于同一语义场时，NEG X NEG Y 可以表达为 NEG Z，其中 Z 是 X 和 Y 的上义词："不闻不问"表示"不关心"或"不感兴趣"。

综上所述，由于超否定是由多个否定标记表示否定义，因此，汉语的 NEG X NEG Y（其中 X 和 Y 是同义词或在同一语义场）应被视为超否定。此外，需要注意的是，并非所有含有两个同义词或同一语义场的语素的双音节形容词都能转化为 NEG X NEG Y（如*"不清不凉"，*"不匆不忙"，*"不整不洁"），转化为超否定的 NEG X NEG Y 结构是规约化的结果。二字形容词与哪一个否定标记搭配也是固定的，如不能说*"勿干勿净"，*"没干没净"，只能说"不干不净"；只能说"没心没肺"，不能说*"非心非肺"。这与否定标记本身的语义、语用、句法功能相关。

最后，延续否定也是汉语中的一种超否定，因为延续否定中，与同一个陈述或意义相关的多个否定强化了否定义，例如（68）和（69）。

（68）不行，不行，你不能走。

（69）这事儿不干，说什么也不干！

这种超否定是一种创造强调效果的方式。重述的否定句不是多余的，而是说话人有意添加的。特别是在（69）中，第二个否定代表了一个新的话语，在句法上可独立于第一个否定句。

总而言之，超否定在汉语中以不同的形式存在，其中多个否定标记不是互相中和，而是结合在一起加强否定的语力。

5.5　小结

本章我们分析了双重否定的生成机制以及每种机制对应的语用功能，也介绍了否定一致的相关研究以及汉语中的超否定现象。首先，基于多语语料，我们将双重否定的生成机制分为了四类：否定提升、强弱项转换、元表征和曲言法。

基于生成机制的分类比以前的分析更清晰、更系统，不同类型的双重否定的语用功能也更容易解释。基于否定提升和曲言法生成的双重否定一般具有减弱语力的作用，可作为一种委婉表达、避免或缓和冒犯的策略。基于曲言法的双重否定中，只有为了创造令人印象深刻的风格而产生的双重否定才不会减弱语力。由于一个话语或命题可以因为各种原因被元表征，基于元表征生成的双重否定可能承载着以下功能之一：减缓语力、纠正表达、加强语力和产生语言形式上的对照效果。最后，从强势谓词转换为弱势谓词所产生的双重否定旨在减缓一个表达的语力，而从弱势谓词转换为强势谓词所产生的双重否定则是为了加强一个表达的语力。

在讨论了否定一致等超否定现象后，我们认为汉语中的 NEG X NEG Y 和延续否定具备类型学上的超否定特征：它们都是由几个否定标记来加强否定义。对 NEG X NEG Y 结构而言，只有当 X 和 Y 是同义词或处于同一语义场时，NEG X NEG Y 的结构才能起到强化否定义的作用。

至此，我们已经分析了三类特殊否定的生成机制和其对应的语用功能，也从认知机制和语用驱动的角度解释了某些规约化用法的特殊否定本质。在接下来的章节中，我们将基于前文的分析，进一步深化对特殊否定的讨论。一方面，我们将总结上文分析的三类特殊否定表达承载的主观性，以及听者在理解特殊否定时受到的来自个人认知环境的影响。另一方面，我们将从特殊否定的表达和理解着眼去解读社会生活中的具体现象和问题。

在分别讨论了四类特殊否定的生成机制和语用功能后，我们发现特殊否定有一个共同特征，即它们都与"主观性"和"主体化"密切相关。主观性是指自我表达以及话语中对言者观点或看法的表述。主体化指的是语言经历演变或采用适当的结构来展示主观性的过程（沈家煊，2001：268）。

6.1　特殊否定的主观性

否定标记无否定含义的结构、有否定义但不改变真值的结构以及多个否定标记共现的特殊否定结构均与交际双方的主观态度和判断密切相关。一方面，为了达到某种交际目的，所有特殊否定用法都承载着说话人的态度或情感，它们是否在交流中被使用取决于说话人的态度。另一方面，听者对特殊否定的理解也是以其个人认知语境为基础的。因为听者的认知语境可能与言者预期的有所偏差，所以特殊否定在实际使用中并不一定能达到言者预期的效果。我们首先来看特殊否定体现的主观性。

6.1.1　主体化的表达

三类特殊否定体现的言者主观性可作如下概述：

首先，赘余否定虽然是无意识产生的表达混合，类似于口误，但与口误不同，赘余否定具有一定的语用功能，即传达了说话人对"事件未发生"的主观态度，如惊讶、遗憾、后怕等，这使它在语用上并非完全"赘余"，而是增加了主观情感色彩。

其次，元概念否定和元语言否定也体现了说话人的判断和感受，当说话人反驳一个陈述的内容时，不是因为该陈述为假，而是因为说话人"认为"它为假。比如，否定性固化小句标记——"不是 S + V + NP"，"你不知道"，"不瞒你说"，"你还别说"等——反驳的都是言者主观认为听者会产生的想法，它们并不改变命题的真假。这些标记的主要作用在于点明说话人对相关事态的立场与态度，表达对相关情景与命题的情感与情绪，包括申请与解释、规劝与奉告、提醒与点拨、赞同与迎合等（张谊生，2022），因此与主观性密切相关。

主观性也体现在元语言否定中，比如，在下面的例（1）中，"玛丽吃了一些苹果"这句话被言者反驳了，因为言者认为量词"some"用来描述事态并不准确，因为玛丽不是只吃了"一些"苹果，而是吃了"所有的"苹果。在（2）和（3）中，"She is Lizzy"和"语言变了"也基于言者的主观判断被否定了。在这两个例子中，如果说话人换了，可能已有表述就不会被否定，而被认为是恰当的，或至少是可以接受的。（4）中的元语言否定似乎更客观，因为发音和拼写是普遍常识，每个人的判断应该趋同。然而，选择元语言否定而不是直接纠正却是言者的主观选择。比如，（4）的言者也可以说，"我要买的东西不读豆'鼓'，读豆'豉'"，"我爱吃的榨菜读音是涪（fu）陵榨菜，不是涪（pei）陵榨菜"。之所以选择元语言否定，是言者想在纠正书写或发音错误的同时表达其态度，如调侃、讽刺等。同样，（5）的说话者使用预设否定不是为了描述一种状态，而是为了否定建立在错误预设上的表述。言者也可以直接指出预设的错误，只说"小张及格了"，但他选择了否定整个句子，反驳了整个表达的适宜性，这也体现了特殊否定中的言者主观性。

（1）Mary did not eat some apples：she ate all the apples.

（2）She is not Lizzy，please：she is Her Majesty.

（3）不是语言变了，是人改变了语言。

（4）a. 我不买豆鼓，我买豆豉。

　　　b. 他不爱吃涪（pei）陵榨菜，他爱吃涪（fu）陵榨菜。

（5）小张没有因为考试不及格而自责，因为他及格了。

最后，双重否定也受到主观性的影响，使用强化或减弱语力的双重否定是说话人的主观选择。例如，弱项谓词转换为强项谓词的双重否定（"不能不 X"，"不可不 X"）是说话人用来加强语力的语用策略，直接说肯定形式的"必须 X"也未尝不可，选择双重否定形式正是因为说话者主观上想要突显事件的重要性或强调事件的必须性。此外，基于元概念否定的双重否定有反驳已有表述的目的，不会增加或削弱表达的强度；然而，它仍然受到主观性的影响：与元概念否定一样，已有表述由于说话者的主观判断而被反驳。

也许有人会问，描述性否定中难道没有主观性吗？主观性在描述性否定中的作用是否与在元表征否定中的作用相同呢？例如，说"天上没有云"的人可能是被强烈的阳光所迷惑，描述的其实是自己的感觉，而不是客观事态。针对这一点，需要指明的是，我们强调说话人的"主动"表达，更准确地说，说话者表达自己或突出自己观点的"主观意图"在元表征否定中是必不可少的。描述客观事态当然离不开说话者的主观参与——毕竟，要描述一种状态，就必须亲自感知客观世界——但在这种情况下，说话者并没有表现出自己的"意图"，换句话说，说话者并不想要主动表现出自己的态度或感觉，而只是想描述一种状态或传达信息，但不自觉地融入了主观想法和判断。例如，当玛丽说法国国王是秃子，而彼得知道法国没有国王时，彼得可以简单地回答"法国没有国王"，而不是"法国国王不是秃子，因为法国没有国王"。彼得之所以选择元语言否定，是因为他想制造一种讽刺或幽默的效果，而不仅仅是提供正确的信息。

6.1.2 基于个人认知环境的理解

在前几章的分析中，我们提到过一些有歧义的特殊否定表达需要在具体的语境中才能判断否定标记是否有否定义。比如，在赘余否定结构中，理解"差点儿（没）去找他"，"否认（没）谈恋爱"，"empêcher que personne（ne）sorte"（避免有人离开/避免没人离开），"craindre qu'il ne cesse de parler"（害怕他停下不说/害怕他不停地说）等需要具体的语境；在理解规约化的元概念否定"好（不）高兴"，"好（不）热闹"时，也需要具体语境才能判断"不"是否有否定义。此外，一些表达虽然在语义上没有歧义，但其语力或效果却可能与言者的预期不符。比如，"不是我威胁你"作为元语用策略，并不是在任何语境下都能达到减少冒犯，避免冲突的交际目的；主句谓语为意愿性动词的双重否定，比如"I don't suggest that she doesn't come"，其语力也与交际双方的身份地位及话语发生的语境相关。

那么，听者是如何理解有歧义的赘余否定或元概念否定结构，又是如何判断特殊否定结构的语力的呢？根据关联理论，人们会从语境中调取最具关联的信息去解读言者的意图。语境包括四个主要方面：

> 交际发生的物理（或感知）环境；
>
> 短期记忆，包括对前一句话语的理解；
>
> 中期记忆，对更早的话语的理解；
>
> 长期记忆，包含有关概念的逻辑、百科全书和词汇信息。
>
> （Sperber & Wilson，1995：138）

汉语中的"差点儿"表示某事概率极高，但最终没有发生。"差点儿没摔倒"一般解读为"没摔倒，只是差点儿摔倒了"，其中的"没"是赘余的，而"差点儿没赶上火车"一般解读为"赶上了火车"，其中"没"是有否定义的。这类句子没有歧义，原因是按照长期记忆，"摔倒"概率极低，所以听者倾向于将"差点儿没摔倒"解读为"几乎要摔倒了，但没有真的摔倒"。相反，根据长期记忆，赶上火车是很平常的事，而没赶上火车却是概率极低的事，因此对大多数听者来说最具关联的解读应该是"最终赶上了火车，只是差点儿没赶上火车"。

如果没有歧义的句子可依赖长期记忆去解读，对于有歧义的句子，短期记忆则起到了非常重要的作用。比如，

(6) 他晚了一个钟头还没到，我差点儿没去找他。

(7) 我有事走不开，差点儿没去找他，那他就得一直在车站等着了。

我们无法根据长期记忆判断"我去找他"发生的概率。这种情况下，前后分句会进入短期记忆，影响对"差点儿没去找他"的理解。（6）的前句表示"他晚到了很久，因此我出于担心，很可能去找他"。但是，"差点儿"表示很可能发生的事最终没有发生，所以"我差点儿没去找他"更倾向于理解为"我很有可能去，但最终没去找他"。相反，（7）中"我有事走不开"和"他就得一

直在车站等着了"表示我应该没去找他，但"差点儿"的反事实性使得"我还是去找他了，虽然我很可能不去"成为了最具关联的解读。

至于"不是S＋V＋NP"的语力，我们在第三章例（28）中已分析过，正是"我不是威胁你"的前后语句显示出的威胁性让听者无法相信言者不是在威胁自己。而且，这种短期记忆还会让听者认为言者不但在威胁自己，还试图掩盖这一意图，从而感到更加生气。

此外，交际发生的物理（感知）环境既可帮助理解有歧义的特殊否定表达——如"好（不）高兴""好（不）热闹"——也有助于判断语力。比如，双重否定"我不建议你不去"一般在上司对下属下达任务时语力较强，而在朋友间提出建议时语力则比"我建议你去"更弱。

综上，语境的四个方面都会影响听者对特殊否定的理解。还需注意的是，语境的构建是基于个人认知环境的。根据关联理论，语境是择定的，不是给定的，也就是说，每个人都会依据自己的认知经验去构建解读话语的语境。比如，如果一个员工对上司非常了解，知道上司其实是一个比较温和的人，那么就不会将"我不建议你不去"理解为一个不可违抗的命令，而是倾向于将其理解为"建议"；如果另一个员工并不了解上司，仅仅基于上下级关系来理解上司的话，就会认为"我不建议你不去"是语力很强的指令。

总之，从表达上看，主观性是所有否定词特殊用法的共同属性，它们都是说话人主观判断的结果，是说话人态度或情感的表现。从理解上看，听者对特殊否定的理解也受自身认知语境的影响。特殊否定在表达上的主观性和理解上的个性化都会影响其在具体语境中的使用，这种影响主要体现于两个方面：一方面，用于具体场景中的特殊否定会呈现出丰富多样的形式。语言的使用者可以根据表达需求选择某种特殊否定，还可以根据需要对已有表达的语言形式做出调整，从而产生一些新的表达形式。另一方面，在对特殊否定的理解上，特别是对一些新出现的表达形式的理解上，可能会出现听者的解读与言者预期不符的情况。毕竟，听者对话语的理解是基于个人的认知语境，而言者如何使用特殊否定，如何决定表达形式，也是出于主观判断，这就会造成特殊否定有时并不能达到言者的预期效果。鉴于特殊否定在表达和理解上的复杂性，我们认为特殊否定在具体场景中的使用需要得到更多的关注。接下来，我们就尝试从"超语用"的视角着眼，分析特殊否定在具体的社会生活场景中扮演的角色。

6.2 超语用视角下的特殊否定

"超语用"的概念尚未被学界熟知，它其实是"超语言学"概念的一个分支。这里的"超语言学"指的是纽约大学语言学教授菲利普·施伦克（Philippe Schlenker）提出的语言学研究方向。超语言学涉及歌唱、舞蹈、音乐、手语、动物交流等传统语言学较少涉足的领域，但是使用的仍然是形式语言学的研究方法。超语言学的目的不是展现形式方法的有效性，而是理解那些接近或类似于语言系统的人类活动。Moeschler（2020b，2021）将"使用语用学的研究方法分析超出语用学研究范围"的研究领域称为超语用学。超语用学的主导思想与超语言学一致，它以社会生活中的各类问题为研究对象，但仍然使用语用学的方法。Moeschler（2020b）从超语用的视角探讨了两个社会问题，分别涉及语用学的基本概念"预设""隐含义""元语言否定"。

第一个问题与新闻媒体的职业操守相关。Moeschler（2020b）举例揭示了法新社如何利用"预设"和"隐含义"修改政治家的发言，以向公众传达媒体自身的立场：

> （8）贝尔纳·阿夸耶（Bernard Accoyer）："如果我们错过这次承担责任和勇气的机会，经济和社会后果将可能等同于战争造成的影响。"
>
> *法新社报道的阿夸耶的话："如果左派当选，后果将与战争无异。"*

法新社对法国国民议会前议长阿夸耶的话进行了加工。首先，前置的条件分句从"如果我们错过这次承担责任和勇气的机会"跳到了"如果左派当选"。如此一来，条件分句的侧重点从选民投票的道德重要性变为了左派当选带来的威胁。条件句引起的结果也有变化，法新社省略了条件句中的认识情态动词"可能"（pouvoir）[①]，于是结果从"经济和社会后果将可能等同于战争造成的影响"强化为了"后果将与战争无异"。

[①] 原句用的是 *pouvoir* 的条件式变位 *pourrait*，表示很小的可能性。

法新社的"歪曲"报道是通过什么样的语言策略实现的呢？Moeschler（2020b）运用语用学的"隐含"和"蕴涵"给出了解释。他指出，隐含相比蕴涵更易获取，但蕴涵的语义要强于隐含（Moeschler，2019，2020a，2020b）。正如我们在第二章分析赘余否定触发词时提到的，在话语意义中，蕴涵比隐含更加突显，是命题核心语义中更加恒定的部分。但是，从可及性的角度来看，隐含比蕴涵更易获取。比如，如果两个人在窗户密闭的房间里，一个人说"这房间里又闷又热"，另一个人更容易推导出他的意图是建议开窗（即隐含）而不只是想说"房间里热"（即蕴涵）。

基于隐含和蕴涵在强度和可及性两个维度上的区别，Moeschler（2020b）指出："如果我们错过这次机会"隐含"如果多数派输了"，"如果多数派输了"蕴涵"如果反对派赢了"，"如果反对派赢了"蕴涵"如果左派赢了"，"如果左派赢了"蕴涵"如果左派当选"。因此，从贝尔纳·阿夸耶的话到法新社的报道必须采取四个推理步骤：隐含＋蕴涵＋蕴涵＋蕴涵。这些推理步骤的后果就是将对前置条件的弱解读转向了强解读。

除了条件分句，表示结果的主句也明显经过了意义强化的过程：阿夸耶所说的"经济和社会后果将可能等同于战争造成的影响"只是隐含"左派的胜利带来的灾难性后果"，而法新社的"后果将与战争无异"则直接蕴涵"灾难性的后果"。所以，法新社所做的不是客观转述政治家的原话，而是主观地解读政治家的话语，并将经过自己强化的解读——即受众自己不易获取的蕴涵义——强加于受众。

第二个问题讨论了"我是查理"（Je suis Charlie）和"我不是查理"（Je ne suis pas Charlie）两个口号，它们出现于 2015 年 1 月 7 日巴黎的《查理周刊》遇袭后不久，分别反映了法国民众的主流观点与一部分年轻人对《查理周刊》遭遇恐袭的态度。如果"我是查理"隐含"我声援查理，我为查理哀悼，我对这次袭击感到震惊，我谴责恐怖主义"，表达"自由是共和国的第一价值，武力将无法战胜智慧和思想"等观点，"我不是查理"是否表示"我不声援查理，我不为查理哀悼，我不对这次袭击感到震惊，我不谴责恐怖主义"，表达"自由不是共和国的第一价值，武力可以战胜智慧和思想"呢？语用学认为，P 的会话含义与非 P 的会话含义并不相互对立，比如，"天气暖和"隐含"天气仅仅是暖和，不炎热"，但"天气不暖和"却不隐含"'天气不炎热'为假"；又如，

"小王的成绩中等"隐含"小王的成绩仅仅是中等，不是最好的"，但"小王的成绩不是中等"却不隐含"'小王的成绩不是最好的'为假"。那么，"我不是查理"到底想表达什么意思呢？Moeschler 指出，"我不是查理"是一句元语言否定，即拒绝说出"我是查理"这句话。但是，元语言否定句一般都要给出更正句或解释句，如"天气不是暖和，而是炎热"，"我没有戒烟，因为我从来不抽烟"。"我不是查理"显然没有给出任何更正或解释，Moeschler 认为原因有二：一方面，由于口号的形式简洁，"我不是查理"与"我是查理"对应，两个口号都不应出现冗长的解释，其隐含义应交由听众自己解读。另一方面，说出"我不是查理"或者拒绝说出"我是查理"的原因可能有悖于法国社会的普遍价值观，不被大众所接受，所以不能明确地表述出来（Moeschler，2020b：241）。

上述两例都展示了超语用学的研究思路：它在方法上沿袭传统语用学，但在研究范围上超出了传统语用学，旨在理解和分析社会问题。在本章，我们也将结合前文对几类特殊否定的生成机制和语用功能的分析，进行超语用学视角的探索。

6.2.1　♯MeToo VS ♯NotMe——元表征否定的开放性解读

第一个案例与上文介绍的"我不是查理"有相似之处，因为它也涉及一正一反、先后出现的两个口号。

2017 年 10 月，好莱坞爆出了金牌制作人哈维·韦恩斯坦（Harvey Weinstein）利用自己的业内地位性侵多名女星的丑闻，女星艾丽莎·米兰诺（Alyssa Milano）等人针对哈维的恶行发起了 MeToo（我也是）运动，呼吁所有曾遭受性侵犯或性骚扰的女性勇敢地说出自己的经历，并在社交媒体上发帖附上♯MeToo 的标签（hashtag），希望借此唤起社会关注。MeToo 运动影响范围很广，引发了政界、学术界、文化界等各个领域内与性骚扰、性侵犯事件相关的广泛讨论。通过喊出 MeToo 的口号，越来越多的女性不再沉默，而是借此运动呼吁社会关注女性权益。

然而，MeToo 运动也引发了一些争议。首先，它使得性骚扰行为变得非常敏感，由此产生了一些冤假错案，甚至男性被诬陷、勒索的事件。另外，一些新闻媒体未经证实，就公开所谓嫌疑人的名字，让无辜的人遭受舆论的谴责，事业和家庭受到重创。其次，由于害怕被无端指控，男性经理开始不愿与女性共事，使女性的职场困境更加恶化①；此外，也有一部分女性认为 MeToo 运动的支持者们有些小题大做，认为不应将男性的调情行为定义为性骚扰，也并不觉得自己在职场处于不利地位。她们认为女性需要坚强起来，放下所谓的受害者身份。2018 年，包括法国著名影星凯瑟琳·德纳芙（Catherine Deneuve）在内的 100 多名女性在《世界报》上联名发表公开信，指责 MeToo 运动是时代的倒退。

这些反对 MeToo 的观点零散而多样，直到♯NotMe 标签的出现。2019 年，演员小库珀·古丁（Cuba Gooding Jr.）被指控性侵，他向法院申请撤销指控，但没有成功。其辩护律师宣称要以♯NotMe 为标签发起一场运动，以支持那些被诬告有性犯罪行为的男性。② 很快，♯NotMe 标签的含义就被扩充了，其他一些反对 MeToo 运动的观点也打出了 NotMe 的口号，比如，反对 MeToo 运动的女性们被称为"NotMe 女性"（NotMe women），反对激进女权的文学作品则被称作了"NotMe 小说"（NotMe novels）③。

MeToo 和 NotMe 这两个标签到底是什么关系呢？从语义上看，MeToo（我也是）最直接的含义是"我也遭受过性侵犯或性骚扰"，而 NotMe（我没有）则表示"我没有实施性侵犯或性骚扰"。因此，NotMe 并不是对 MeToo 的直接否定，二者是针对不同问题的回答：MeToo 回答的是"你是否也遭遇过性侵犯或性骚扰"，而 NotMe 回答的是"你是否实施过性侵犯或性骚扰"。从语用上看，无论是 MeToo 还是 NotMe 都有丰富的隐含义：MeToo 隐含"我也要说出被侵犯的遭遇"，"我也要呼吁社会关注性侵犯/性骚扰行为"，"我也希望改变女性在职场上的处境"，等等。NotMe 则隐含"我不支持矫枉过正"，"我不支持小题大做"，"我不赞同给女性贴上受害者的标签"，等等。因此，NotMe 与 MeToo 的隐含义也并不呈两两对立的关系。

那么，作为一个含义丰富的标签，NotMe 否定的到底是什么呢？我们在上文中提到，一方面，MeToo 运动虽然源于良好的初衷，但其巨大的影响力也确

---

① https://www.bbc.com/zhongwen/trad/world-48634988［访问日期：2022-9-10］
② https://pagesix.com/2019/08/07/cuba-gooding-jr-s-lawyer-launches-notme-movement/［访问日期：2022-9-8］
③ https://www.thenation.com/article/culture/julia-may-jonas-vladimir/［访问日期：2022-9-8］

实造成了一些负面效果；另一方面，基于不同的认知背景和立场，不同群体对
♯NotMe 标签代表的观点有不同的解读。所以，NotMe 既反对 MeToo 运动的
进一步推行，也是对♯MeToo 标签所代表的一系列观点的反驳。如何把针对多
种观点的反驳以简洁的形式总结出来？NotMe 显然是很好的选择。NotMe 可解
读为"我拒绝说出 MeToo，因为我不赞同 MeToo 代表的观点"。因此，NotMe
属于元表征否定的分支——元概念否定①，它反驳的是已有表征的特殊会话含
义。需要注意的是，这里所说的"MeToo 代表的观点"是反对者基于自己的认
知语境从♯MeToo 标签推导得出的观点，MeToo 运动的支持者可能并不这么认
为。NotMe 通过拒绝说出 MeToo 来隐含对 MeToo 代表的观点的不赞同。与
"我不是查理"一样，NotMe 受口号或标签形式所限，没有给出更正句或解释
句，但是，也正是这一点使得它可以代表不同的观点，也能纳入不断出现的新
观点：一方面，元表征否定体现了主观性，不同的人看到 NotMe，都会结合自
己的经历去作解读，可谓一千个人眼中有一千个哈姆雷特。另一方面，NotMe
作为元概念否定，并没有后接更正句或解释句，这种形式上的空缺也使 NotMe
可以不断接受新的解读。

综上所述，社交媒体上流行的标签有助于某个话题或观点的迅速传播和流
行，而反对这些观点的态度也可以利用元概念否定生成新标签，以对原本的标
签迅速做出反应，"我不是查理"和 NotMe 就是典型的例子。此类元概念否定
相对于传统的元概念否定句采取了缩减形式，即不提供拒绝说出某句话的理由
或解释。缩减后的元概念否定虽然会造成表义不明的问题，但同时也带来了一
个好处：在语用层面上，没有解释或更正句的元概念否定可以不断接受新的解
读，其隐含义会越来越丰富，可以代表新出现的观点，从而获得更大的传播
效力。

6.2.2 "不适应我院模式的学生"——预设否定的陷阱

1980 年 10 月 3 日巴黎科佩尼克街恐怖袭击事件发生后，法国总理雷蒙·

---

① 这里和 Moeschler（2020b）的观点不同。Moeschler 把对已有表征的反驳都称作元语言否定，而本书
把对已有表征语言的明示内容和特殊会话含义的反驳称作元概念否定。在"我不是查理"或 NotMe
中，被反驳的都是已有表征所代表的特殊会话含义。

巴尔（Raymond Barre）发表了一篇著名的演讲，其中有一句话是这么说的："这次可恶的袭击旨在打击前往犹太教堂的以色列人，并袭击了穿过科佩尼克街的无辜的法国人。"这句话因为隐含"以色列人不是无辜的"而引起了热议。一句话引发的隐含义可能是言者有意而为之的，也可能是听者推导得出而言者无意表达的。但即使是第二种情况，听者也会自动将推导出的结论归于言者，认为他所理解的就是言者想说的。为什么会这样呢？根据关联理论，基于言者提供的明示刺激和听者的认知环境，听者会遵循关联性去推导言者的信息意图；而推导过程是一个不能被听者察觉到的、"自动"的认知程序（Sperber & Wilson，1995）。Mercier & Sperber（2011：58）明确提出："人们可能意识到了一个推理过程的结果，但他们从来不会意识到这个过程本身。所有由推理机制进行的推论都基于直觉。"①

我们接下来谈到的例子就涉及听者推导出的意图与言者真实意图不符的情况。例子中的言者本想否定句子的预设，然而她给出的明示刺激并不明显，导致预设反而被加强，造成了听者的误解。

美国麦肯纳学院有一位叫奥莉维亚的拉丁裔学生，她意识到学院的高层管理人员多为白人，蓝领工人却多为拉丁裔，因此感到很受伤。她认为在麦肯纳学院的文化里，有一个关于身份的定式或模式，而这个模式是她所无法匹配的。她写了一篇文章，指出："说起我们的校园氛围和机构文化，它们所基于的价值观，首先是西方的、白人的、以异性恋为规范的、中上层阶级的。"奥莉维亚通过电子邮件，将她的文章群发给了学院全体员工。学院的教务长玛丽·斯佩尔曼给奥莉维亚回了一封私人邮件。邮件全文如下：

奥莉维亚：

感谢你写信并同我分享这篇文章。作为一所大学，作为一个大家庭，我们有许多要做的。你是否愿意找个时间同我谈谈这些问题？无论对我本人，还是对教务部门的职员，这些问题都非常重要，我们也始终在努力，更好地为学生服务，尤其是那些并不适应我们麦肯纳学

---

① *People may be aware of the output of an inferential process，but they are never aware of the process itself. All inferences carried out by inferential mechanisms are intuitive.* （Mercier & Sperber，2011：58）

院模式的学生。

　　很希望我们可以多聊聊。

　　祝好，

　　教务长斯佩尔曼①

　　斯佩尔曼的信看上去是想与奥莉维亚真诚地交流，但那句"尤其是那些并不适应我们麦肯纳学院模式的学生"却让奥莉维亚认为斯佩尔曼的言下之意就是奥莉维亚和其他有色人种的学生不符合"麦肯纳学院的模式"。奥莉维亚在她的脸书上转发了电邮全文，还加上了自己的评论："我是不可能符合麦肯纳学院那卓越的模式了！欢迎转发。"她的朋友响应号召，转发了这封邮件，校园里随后爆发了抗议。

　　将学生划分为适合与不适合"麦肯纳学院模式"两种类别是教务长斯佩尔曼的本意吗？显然不是。按照斯佩尔曼事后所做的解释，她之所以用"模式"这个词，恰恰是为了表达她能和奥莉维亚感同身受，因为另外一些同她交流的学生向她描述无法融入的感受时，就用了"模式"这个词。基于我们在第三、四章的分析，斯佩尔曼所做的，其实是引述学生们的说法，即"学院存在标准模式，这一模式将一部分学生排斥在外"。然而，教务长引述学生的说法并不是为了强化这一认知，而是试图在随后的个人交流中打消学生的这一错误认知。正如斯佩尔曼后来向学生们澄清的那样，她的本意是要确认文章中所表达的感受和经验，然后提供帮助。

　　根据前文的分析，斯佩尔曼实际上是想推翻"学院存在标准模式"的说法。她引述学生的话是想表达"我已经知道并且理解你们的感受了，但这种观点值得商榷"。所以，针对"不适应我们麦肯纳学院模式的学生"这句话，她所做的其实是引述加反驳，反驳的正是这句话的预设：麦肯纳学院存在标准模式。然而，她对预设的反驳非常不明显，导致学生看到她的邮件后，更倾向于认为她承认了学院确实存在一种标准模式，而不是反对这种说法。按照关联理论的观点，对奥莉维亚及支持她的那些学生来说，看到斯佩尔曼的话（即接收到明

_____

① 关于此事件的介绍均引自格雷格·卢金诺夫、乔纳森·海特著，田雷、苏心译《娇惯的心灵——"钢铁"是怎么没有炼成的？》75-81页。案例中的人名按照参考文献使用中文译名。

示刺激）后，他们会在自己的认知语境中提取具有关联性的假设，进而推导出最具关联的解读。奥莉维亚并不知道教务长在以往与学生的交谈中听到过"模式"的说法，而且她一直以来都有被歧视、被排斥的消极感受，当她读到"模式"这个词时，对她来说最具关联的假设更可能是教务长承认了学校存在"以西方的、白人的、以异性恋为规范的、以中上层阶级为标准的模式"，并将教务长的话解读为"你不属于我们学院的标准模式"。在情感层面上，这样的信息解读自然会让她感到愤怒。

那么，斯佩尔曼要怎样表达才能既表现出和奥莉维亚感同身受，又体现出她并不赞同"学院存在标准模式"的说法呢？显然，她应该将对预设的否定表现得更为明确一些，她完全可以说："不必感到不适应我们学院的模式，因为我们学院根本就不存在所谓的标准模式。"

回到我们一开始提到的误解产生的原因。在上例中，教务长很主观地选择了引述学生话语的表达方式，认为这样就能让学生觉得她与学生们感同身受。然而，学生的话体现的是一个错误的观点，教务长引述这个观点却又不明确地表示反对，会让学生感到她是赞同这个观点的。因此，学生基于自己的认知和感受——他们本来就觉得自己是"局外人"——会非常自然地认为教务长承认了学院具有标准模式，也承认了一部分学生被排斥在了标准模式之外，这显然违背了教务长的初衷。此例提醒我们，对预设的否定是主观性极强的特殊否定，如果不给出明显的线索，听者很可能不能理解言者的意图。因此，在使用预设否定的时候，一定要考虑到听者的认知语境，使否定预设的意图对听者来说尽可能明显和容易推导。

6.2.3 "难道你不喜欢另一件吗?"——反问型双重否定的强迫感

第三个例子与沟通中的问题和障碍有关。心理治疗专家保罗·瓦兹拉维克的团队尝试了从语用学的视角去分析心理治疗中的各种人类沟通的问题。在《人类沟通的语用学——一项关于互动模式、病理学与悖论的研究》（*Pragmatics of human communication—A study of interactional patterns，pathologies，and paradoxes*）一书中，瓦兹拉维克及合著者讨论了心理治疗中的"语用悖论"：言者发出的命令会让听者陷入进退两难的窘境；无论听者怎么选择，都不可能满足言者的要求。典型的例子如：

> （9）我要求你来主导我。（一位妻子这样要求她被动的丈夫）
>
> （10）你应当像别的爸爸一样享受和孩子们玩耍的时光。
>
> （11）不要这么听话。（父母这样要求在他们眼中依赖性太强的孩子）
>
> （瓦兹拉维克 等，2016：115）

　　如果丈夫听从了妻子的命令，则仍然属于被动的一方，也就满足不了妻子在命令中提出的要求。如果不喜欢与孩子们相处的爸爸被迫承担他应当承担的角色，他就不可能真的"享受"和孩子们玩耍的时光。如果过于依赖父母的孩子答应父母"不要这么听话"，那他的行为就还是听话的表现，显然无法满足父母的要求。瓦兹拉维克及其合著者认为，"也许悖论侵入人类沟通的语用学最常见的形式，是借助针对某种特定行为的命令，而这种行为就本质而言只能自然生发"（瓦兹拉维克 等，2016：115）。从言语行为的角度来说，命令这一言语行为产生了言后之力，但却没有产生言者期待的效果。而悖论产生的原因就在于命令的内容隐含了"不要服从命令"或"不要感到被强迫"的要求，而这些要求与接受命令的行为是矛盾的。

　　瓦兹拉维克及合著者还引用了 Greenburg（1964）的一个例子，指出这是亲子沟通中常见的语用悖论：

> （12）给你的儿子两件运动衫作为礼物。当他先选了其中一件来穿
>
> 　　　时，你伤心地看着他，用平静的语调问他：
>
> 　　　"难道你不喜欢另一件吗？"
>
> （Greenburg，1964：16，转引自瓦兹拉维克 等，2016：123）

　　这个问句实质上是双重否定句，即反问语气加上否定句，逻辑上相当于其对应的肯定句。我们在第五章分析双重否定时提出，含有意愿类动词的双重否定，其语力需要在具体语境中才能确定。此例中母亲的问句看上去是一个建议，即"你应该会喜欢另一件"或"我觉得另外一件更好"，但实质上却产生了一种强迫感，其语力强度显然超过"建议"，而更接近于"命令"，即"你必须先穿

另外一件"。母亲的问句与她的行为一起构成了一个"语用悖论"：送两件运动衫表示儿子可以自主选择先穿哪一件，而反问式双重否定构成的命令语气又表示儿子必须选择母亲喜欢的那一件。于是，儿子陷入了"进退维谷"的境地，接受母亲的两件礼物就要选择先穿哪一件，而听从母亲的指令实质上意味着不要自己去做选择。双重否定在悖论的形成中扮演了重要的角色，因为反问语气相当于否定，反问加否定的双重否定会大幅加强其对应的肯定句的语力。试想，如果母亲使用了别的表达，比如"另一件也可以穿穿看"，"下次试试另外一件吧"，她的话更容易被理解为"建议"，也就意味着儿子仍然可以自己选择，语用悖论也就不复存在了。

语用悖论会导致"受众既不能不对其做出反应，又不能恰当地对其做出反应（非悖论性的），因为这条信息本身就是悖论性的"（Greenburg，1964：123-124）。瓦兹拉维克及合著者还指出，长期处于双重束缚状态的人面临着意志衰退、淡漠等精神问题，甚至会面临精神分裂的严重后果。可见，语用悖论会带来心理伤害，然而，我们发现，基于双重否定构建而成的语用悖论在生活中并不少见。比如，亲子之间、伴侣之间、上下级之间都会出现这样的情景：一方让另一方做选择，当对方选好之后又说："你不觉得那样更好吗？"或者"你没觉得这样不好吗？"因此，做选择的一方会陷入不选就没有服从命令，而选了又不能让对方满意的两难境地。反问型双重否定在悖论的形成中扮演了必不可少的角色，因为它让做选择的一方不仅感受到对方对自己所做选择的否定，还能感觉到对方态度强硬，不容争辩。为什么会有这样的感觉呢？邵敬敏（1996）指出，反问句在形式上是疑问句，但实际上发问者心中已有明确的看法，只不过是利用疑问句的形式，曲折地表达自己的看法并显示某种特殊的感情色彩。他指出反问句在语用上有三个特点：一是显示说话者内心的不满情绪，包括沮丧、愤怒、埋怨、讽刺、鄙视、斥责、反驳、厌恶等；二是表达说话人主观的独到见解；三是传递说话人对对方的一种约束力量。我们认为语用悖论中的反问型双重否定常常涉及第一种和第三种感情色彩。常玉钟（1992）也指出，反问句有以言行事的作用，要对听话人产生影响，在表达后达到某种效果。以上观点都说明，反问语气本身就会让人感到不被认可，或感到被他人约束或强迫。

除了语用悖论，反问型双重否定也出现在其他言语暴力行为中。比如，一些人习惯用反问型双重否定回答家人的问题，如"我的衬衫放哪儿了？""你自己不会找？""在直播足球赛吗？""瞎了吗？不会自己看？"又或者，用反问型双重否定发出指令，如"地上这么脏你就不知道擦擦？""翻得这么乱，你不收拾是吗？"[1] 这样的反问句往往比直接的命令显得更不礼貌，更具冒犯性。这一感觉已在实证研究中得到了证实。比如，为了对比反问句和否定句的否定语力和礼貌性，周凌、张绍杰（2022）借助计算机辅助交际会话的真实语料，收集了用反问句作为答语的数据，并邀请参与实验的人判断反问句、隐性否定句和显性否定句的否定强度以及礼貌程度。他们发现，在否定强度上，反问句、隐性否定句和显性否定句呈现出了从最强到最弱的排序。在礼貌性方面，反问句的礼貌性最弱，而显性否定句的礼貌性最强。上文所列举的反问型双重否定既是对别人选择的否定，又采用了比显性否定强度更大的语言形式，自然会使他人产生强烈的被强迫感。从面子理论的角度来说，否定别人的选择会侵犯他的"消极面子"，即行动自由，不受人干涉的权利（Brown & Levinson，1987），反问型双重否定这种强势的否定当然会显得很不礼貌。所以，如果反问型的双重否定长期出现在语用悖论的场景中，被束缚一方将会持续感受到无力，甚至产生瓦兹拉维克等介绍的精神问题。

6.3　小结

本章基于三个社会生活中的真实案例，尝试了将特殊否定的分析与社会问题的理解相结合。我们首先总结了三类特殊否定结构在表达上的主观性和在理解上的不确定性，指出这一特征会使特殊否定的使用体现出多样化的形式，对特殊否定的理解也会产生不符合言者预期的效果。我们进而从超语用的角度出发，基于对元概念否定、预设否定和反问型双重否定的分析，分别解读了媒体传播策略、教育观念和心理问题的相关案例。

正如 Moeschler 提出的，"超语用学方法对话语交流的理解不局限于对言者意义的识别"（Moeschler，2020b：230），而"我们今天所面临的问题是如此复杂，语言专家、学术界和知情的公众都需要参与进来"（Moeschler，2020b：

---

[1] 关于反问型双重否定的更多真实语料见曾莉（2021：66‑78）.

252）。特殊否定从前只是单纯作为语言问题出现在学术研究的视野中，但是，从本章的分析可以看出，对特殊否定的语言学分析能够帮助我们理解社会现象，讨论那些"超出了言者意义"的问题。本章初步尝试了超语用学的方法，将对三种特殊否定的语用分析作为理解社会问题的工具。社会生活中还存在很多复杂的现象和问题，其中也不乏涉及各种特殊否定的案例，未来的研究可以突破特殊否定本体研究的限制，更多地将语言分析应用于解决跨学科问题。

7. 结语

否定的特殊用法与一般用法不同，它的作用不在于对客观事态做否定性描述，而是在交际中承担一定的语用功能。诸如赘余否定、元语言否定、元概念否定、双重否定和超否定的特殊否定用法在交际中发挥着不同的作用，也有着不同的生成机制。基于多语语料对比，结合汉语界与外语界的研究思路，本研究对各类特殊否定的生成和功能进行了深入分析，我们的结论可作如下总结：

赘余否定产生于肯定表达和否定表达的混合。这种混合是由于否定义在触发词的核心语义中占据比较突显的位置，说话者在使用含有触发词的肯定表达时受到了否定表达的认知干扰。赘余否定本身同口误一样，是无意识产生的，因此触发词后可能出现赘余否定标记，也可能不出现，一些语言中的赘余否定结构在长期的使用过程中被规约化了，而另一些语言中的赘余否定没有被规约化，因此同样具有突显的隐含否定义的词可能在一种语言中是赘余否定的触发词，而在另一种语言中却不是。此外，赘余否定是由于说话人对否定义的关注而产生的，因此它可以体现说话人对某个状态未发生的态度。比如，汉语赘余否定往往体现了惊讶、遗憾、后怕等主观情感。

元语言否定和元概念否定都是元表征否定的分支。它们分别是对已有表征语言形式（包括与语言形式相关的隐含义）或内容（明示内容及特殊会话含义）的否定。虽然最典型的元概念否定结构 "Not X, but Y" 在各种语言中具有形式和功能上的共性，但其在某一种语言中的个性还很少被关注。在本研究中，我们探讨了汉语中的两种规约化的元概念否定结构，"不是 S + V + NP" 以及 "好不 + Adj"。通过指出它们的回声表征特性，分析了它们的生成机制以及在交际中降低语力、缓解冲突，或增强语力、表达感叹的功能。此外，通过多语对比分析，我们也指出，含有羡余否定标记 "不" 的 "好不 + Adj" 与我们所定义的赘余否定并不是同一类型，而是和德语、意大利语等语言中的感叹否定更为相近。

在元语言否定的分析中，我们首先介绍了 Horn 提出的元语言否定共性以及 Horn 之后的研究对其观点进行的拓展和修正。随后，利用多语对比分析的方法，我们在三域理论的框架内论证了否定的语用歧义。在有的语言中，元语言否定需要搭配与行域内的一般否定不同的句法或词汇标记，以将否定的解读导向知域和言域。这些标记表明了某个否定句不应在行域内解读，但它们并不专用于元语言否定，不是专门的元语言否定标记。此外，我们也分析了汉语的"不一会儿"和"不要太 + Adj/Adv"实质上是规约化的元语言否定结构，它们本质上是来自对语言形式的反驳，反驳的原因是已有语言形式所表达的语力程度不及言者想要表达的程度。也正因为如此，"不一会儿"和"不要太 + Adj"在交际中都是起到加强语力、表现言者主观态度的功能。

至于双重否定，我们将其生成机制分为了四类：否定提升、强弱项转换、元表征和曲言法。首先，基于否定提升和曲言法生成的双重否定一般具有减缓语力的作用，可使表达更加委婉，但也有一部分曲言型双重否定是为了创造语言形式上的对照，或创造令人印象深刻的语言风格。其次，基于元表征生成的双重否定可能是为了减缓语力、纠正表达、加强语力或产生语言形式上的对照效果。最后，从强势谓词转换为弱势谓词所产生的双重否定旨在减缓一个表达的语力，而从弱势谓词转换为强势谓词所产生的双重否定则是为了加强一个表达的语力。在对双重否定的讨论中，我们也提到汉语的一个特征，即形式上类似否定提升的汉语双重否定的生成机制更倾向于元表征；这个特征是由汉语表达习惯所致。

"否定一致"作为典型的超否定现象，在西方研究中常与双重否定一起讨论，本文也简要介绍了"否定一致"的研究成果。虽然汉语中没有否定一致现象，但仍然有一些结构可被看作超否定。比如，汉语中的 NEG X NEG Y 和延续否定都是由几个否定标记来加强否定义，具备类型学上的"超否定"的特征。对 NEG X NEG Y 结构来说，只有当 X 和 Y 是同义词或处于同一语义场时，NEG X NEG Y 的结构才能起到强化否定义的作用；而且，具体哪些词可以进入 NEG X NEG Y 结构也受到汉语规约化的影响。

在深入分析了生成机制和语用功能的对应关系后，我们更加明确地区分了一些容易被混为一类的特殊否定用法，比如，我们在第二、三章中指出了感叹否定并不是赘余否定的一种类型，二者有不同的生成机制。又如，在前人的研究中，汉语赘余否定句和一些规约化的副词表达——如"不一会儿""不要太＋Adj/Adv""好不＋Adj/Adv"——被划为了一类；本研究指出，"不一会儿""不要太＋Adj/Adv"其实是缩减型的元语言否定，用于反驳已有表征语言形式的适宜性，而"好不＋Adj/Adv"则属于元概念否定，是反驳已有表征的内容并加入讽刺的语气。因此，以上副词结构中的羡余否定标记具有不同的生成机制，而不同的生成机制使三类特殊否定承载了不同的语用功能。

特殊否定用法在多种语言中普遍存在，体现了人类认知的共性，而特殊否定的产生又是受到语用驱动，产生于不同的交际动机，因此，特殊否定的生成和交际功能只有在认知—语用框架内才能得到具体而全面的讨论。多语对比分析与认知语用分析相辅相成：一方面，认知和语用分析可解释特殊否定在不同语言中的形式特征，为类型学研究提供丰富来源；另一方面，类型学证据和共性规律也可为认知语用假设提供更多的依据和支持。本研究采用了多语语料，并结合了汉语界与外语界的研究思路，以期更全面地探索特殊否定的共性与本质。但是，受作者专业限制，文中的部分分析对法语、英语的语料和研究有所偏重，这是本研究的不足之处，也是在后续工作中需要改进和提高的地方。

最后，在新文科的背景下，对特殊否定用法的研究也应以解决具体问题为导向。本研究从超语用的角度着眼，基于特殊否定的使用与理解探讨了若干社会问题。我们讨论的第一个问题涉及元概念否定，元概念否定的缩减形式被当作社交媒体上的话题标签，不断吸收新的解读，因此有利于标签所代表的各种观点的快速传播，影响更大的受众群体。第二个问题与预设否定相关，我们指出不明显的预设否定会造成与言者预期相反的效果，因为听者基于自己的认知环境，可能认为言者并不是要否定某一预设，而是肯定它。第三个问题涉及反问型双重否定，这种双重否定的使用会造成强迫感，使看似建议的问句被解读为不可违抗的命令，常出现在语用悖论和语言暴力中，可对听者造成心理伤害。虽然立足于对特殊否定的分析，但我们的目标是利用语用学的方法去理解社会问题，在分析过程中也结合了传播学、教育学、心理学等领域的观点。总体上看，立足于特殊否定的本体研究去解决跨学科问题是大势所趋，而"超语用"也将成为特殊否定研究的一个发展路径。本研究的超语用分析尚处于探索阶段，未来的研究可以继续探讨与特殊否定相关的界面问题，特殊否定本身复杂的生成机制和语用功能也有待在具体的案例研究中得到进一步剖析。

参考文献

曹威,高战荣. 英、法、汉双重否定句浅谈——英、法、汉否定结构对比研究之二[J].
    黑龙江教育学院学报,2007(9):103-106.

常玉钟. 试析反问句的语用含义[J]. 汉语学习,1992(5):12-16.

陈振宇,陈振宁. 汉语句子否定的类型学性质[M]//陈振宇,李双剑. 显性否定. 上
    海:上海教育出版社,2022:31-82.

丁声树等. 现代汉语语法讲话[M]. 北京:商务印书馆,1961.

范轶赟. 也论汉语中的"否定提升"[D]. 上海:复旦大学,2014。

范振强,肖治野. 双重否定:否定之否定[J]. 安徽大学学报(哲学社会科学版),2010
    (2):77-82.

方立. "I don't think ..."和"I think ... not ..."的句式分析[J]. 外语教学与研究,
    2002(6):450-453.

方梅. 汉语篇章语法研究[M]. 北京:社会科学文献出版社,2019.

冯胜利. 汉语韵律句法学[M]. 上海:上海教育出版社,2000.

符维达. 对双重否定的几点探讨——兼与林文金同志商榷[J]. 福建论坛(人文社科
    版),1986(6):78-81.

高航. 元语否定的认知语用分析[J]. 四川外语学院学报,2003(2):98-102.

郭杰克. 否定转移、否定范围和量词[J]. 现代外语,1985(2):38-42.

郭昭穆. 语句中的双重否定[J]. 南充师范学院学报(哲学社会科学版),1980(3):
    89-94.

郭昭穆,汪坤玉. 常见的双重否定的结构类型和运用[J]. 南充师范学院学报(哲学
    社会科学版),1985(1):38-44.

郝琳. 语用标记语"不是我说你"[J]. 汉语学习,2009(6):39-44.

何金松. 肯定式"好不"产生的时代[J]. 中国语文,1990(5):28-29.

黄伯荣,廖序东. 现代汉语(第 4 版)[M]. 北京:高等教育出版社,2007.

霍四通. 儒道释经典中否定方式差异性比较及其文化意蕴[M]//陈振宇,李双剑. 显性否定. 上海:上海教育出版社,2022:35-350.

江蓝生. 概念叠加与构式整合——肯定否定不对称的解释[J]. 中国语文,2008(6):483-497.

郎桂青. 双重否定表示肯定的条件[J]. 语文研究,1989(1):26.

乐耀. 从语用的认知分析看"不是＋NP＋VP,＋后续句"[J]. 暨南大学华文学院学报. 2006(03):52-59.

乐耀. 从"不是我说你"类话语标记的形成看会话中主观性范畴与语用原则的互动[J]. 世界汉语教学,2011(1):69-77.

李宝伦,潘海华. 焦点与"不"字句之语义解释[J]. 现代外语,1999(2):114-127.

李琳莹. 现代汉语双重否定复句初探[J]. 天津师大学报(社会科学版),1997(2):63-65.

李双剑,陈振宇,范轶赟. 汉语否定提升研究[M]//陈振宇,李双剑. 显性否定. 上海:上海教育出版社,2022:298-320.

刘长征. "一会儿"和"不一会儿"[J]. 世界汉语教学,2006(3):46-51.

刘丽艳. 作为话语标记语的"不是"[J]. 语言教学与研究,2005(6):23-32.

卢金诺夫,海特著. 娇惯的心灵——"钢铁"是怎么没有炼成的? [M]. 田雷,苏心译. 北京:生活·读书·新知三联书店,2020.

吕叔湘. 现代汉语八百词[M]. 北京:商务印书馆,1980.

吕叔湘. 汉语语法论文集(增订本)[M]. 北京:商务印书馆,1999.

马崇梅,黄建滨. 英语句式中双重否定句的语用功能探讨[J]. 文山师范高等专科学校学报,2008(2):89-91.

马建忠. 马氏文通[M]. 北京:商务印书馆,1983.

孟建安. 谈双重否定句式[J]. 当代修辞学,1996(2):42-43.

孟庆章. "好不"肯定式出现时间新证[J]. 中国语文,1996(2):160.

钱鹏. 元语否定的两个层次[M]//陈振宇,李双剑. 显性否定. 上海:上海教育出版社,2022:214-238.

邵敬敏. 现代汉语疑问句研究[M]. 上海:华东师范大学出版社,1996.

邵敬敏,王宜广. "不是 A,而是 B"句式假性否定的功能价值[J]. 世界汉语教学,2010(3):325-333.

沈家煊. "判断语词"的语义强度[J]. 中国语文,1989(1)：1-8.

沈家煊. 语用否定考察[J]. 中国语文,1993(5)：321-331.

沈家煊. "好不"不对称用法的语义和语用解释[J]. 中国语文,1994(4)：262-265.

沈家煊. 不对称和标记论[M]. 南昌：江西教育出版社,1999.

沈家煊. 语言的"主观性"和"主观化"[J]. 外语教学与研究,2001(4)：268-275.

沈家煊. 复句三域"行、知、言"[J]. 中国语文,2003(3)：195-204.

沈家煊. 语言共性何处求[N]. 中国社会科学报,2012-7-2(1-2).

十禾. 恐怕还得复杂一些——谈"不要太…"句型的语用方式[J]. 当代修辞学,1993 (2)：46.

石毓智. 对"差点儿"类羡余否定句式的分化[J]. 汉语学习,1993(4)：12-16.

石毓智. 肯定和否定的对称与不对称(增订本)[M]. 北京：北京语言文化大学出版 社,2001.

石毓智. 论判断、焦点、强调与对比之关系——"是"的语法功能和使用条件[J]. 语 言研究,2005(4)：43-53.

瓦兹拉维克,贝勒斯,杰克逊. 人类沟通的语用学——一项关于互动模式、病理学与 悖论的研究[M]. 王继堃,周薇,王皓洁,李剑诗译. 上海：华东师范大学出版 社,2016.

王力. 王力文集(第一卷)[M]. 济南：山东教育出版社,1984.

王文娟,冯丁妮. 英语双重否定句的分类[J]. 大连海事大学学报(社会科学版), 2008(3)：179-181.

王志英. 现代汉语特殊否定现象认知研究[D]. 上海：上海师范大学,2012.

王助. 现代汉语和法语中否定赘词的比较研究[J]. 外语教学与研究,2006(6)： 418-422.

王助. 汉语否定羡余词的特性[J]. 现代语文(语言研究版),2009(3)：40-44.

吴文婷,刘雪芹. 冗余否定格式"不要太A"浅析[J]. 文教资料,2009(20)：41-43.

徐盛桓. 礼貌原则新拟[J]. 外语学刊,1992(2)：1-7.

徐盛桓. 关于量词否定句[J]. 外国语,1994(6)：32-38+80。

杨娟. "不要太A"句式探析[J]. 现代语文(语言研究版),2009(5)：47-48.

尹洪波. 汉语否定词移动的句法语义效应及其解释[J]. 汉语学报,2015(4)：46- 55.

袁宾. 近代汉语"好不"考[J]. 中国语文,1984(3)：207-215.

袁毓林. 论否定句的焦点、预设和辖域歧义[J]. 中国语文,2000(2)：99－108.

袁毓林. 动词内隐性否定的语义层次和溢出条件[J]. 中国语文,2012(2)：99－
113＋191.

曾莉. 暴力言语行为的人际语用学研究[M]. 桂林：广西师范大学出版社,2021.

张爱玲. "不要太……"冗余否定成分分析[J]. 语文学刊,2006(3)：138－140.

张爱玲. 元语否定结构"不要太 AP"的习语化——兼论其与同形异构式的差异[J].
长春师范学院学报(人文社会科学版),2009(5)：78－82.

张斌. 试析非真值语义否定词"不"的附缀化倾向[M]∥张谊生. 汉语副词研究论集
(第一辑). 上海：三联书店,2013.

张焕香. 汉英双重否定范畴研究[D]. 北京：首都师范大学,2012.

张克定. 汉语语用否定的限制条件[J]. 河南大学学报(社会科学版),1999(1)：66－
68

张琳. 双重否定相关问题探析[J]. 广西师范大学学报(哲学社会科学版),2010(4)：
83－86.

张谊生. 从否定小句到话语标记——否定功能元语化与羡余化的动因探讨[M]∥陈
振宇,李双剑. 显性否定. 上海：上海教育出版社,2022：351－370.

赵旻燕. 汉语元语否定制约[J]. 华中科技大学学报(社会科学版),2007(6)：58－
64.

赵旻燕. 元语言否定的认知语用研究[D]. 杭州：浙江大学,2010.

赵旻燕. 元语否定真值函数性质的跨语言研究[J]. 外国语,2011(2)：32－38.

周凌,张绍杰. 反问句否定含义强度及(不)礼貌等级的实验语用学研究[J]. 外国
语,2022(1)：25－35.

周明强. 论"好不 AP"、"好 AP"中的 AP[J]. 汉语学习,1998(1)：27－31.

朱德熙. 说"差一点"[J]. 中国语文,1959(9)：453.

朱德熙. 现代汉语语法研究[M]. 北京：商务印书馆,1980.

宗守云. 说"不是 A 而是 B"[J]. 南开语言学刊,2012(1)：86－96＋187.

左百瑶. 认知视野下转折句和修正句的跨语言研究[J]. 外国语,2019(6)：28－38.

左百瑶. 认知视角下的否定歧义及语言形式上的佐证[J]. 外语教学理论与实践,
2021(3)：47－63.

ABELS, K. Deriving selectional properties of 'exclamative' predicates[M]∥SPÄTH,
A. Interfaces and Interface Conditions：Language, Context and Cognition. Berlin：

De Gruyter, 2007: 115 – 140.

ALBU, E. Descriptive and interpretive use in the analysis of negation[M]// ZAFIU, R. & STEFANESCU, A. Romanian Language: Current Paths in Linguistic Research. Bucharest: Bucharest University Press, 2012a: 187 – 202.

ALBU, E. Metarepresentational negation [(X') not (X)] [M]// IONESCU-RUXĂNDOIU, L. & ROIBU, M. Results and Perspectives in the Romanian Linguistic Research. Iasi: European Institute, 2012b: 9 – 35.

ALBU, E. Description versus rejection in the analysis of negation: Evidence from Romanian and English[J]. Lingua, 2017, 191 – 192: 22 – 41.

ALONSO-OVALLE, L. & GUERZONI, E. Double negatives, negative concord and metalinguistic negation[C]. Proceedings of CLS, 2004, 38(1): 15 – 31.

BARTSCH, R. "Negative transportation" gibt es icht [J]. Linguistische Berichte, 1973, 27: 1 – 7.

BIQ, Y. -O. Metalinguistic negation in Mandarin[J]. Journal of Chinese Linguistics, 1989, 17(1): 75 – 95.

BROWN, P. & LEVINSON, S. C. Politeness: Some universals in language usage (Vol. 4)[M]. New York: Cambridge University Press, 1987.

BURTON-ROBERTS, N. On Horn's dilemma: Presupposition and negation[J]. Journal of Linguistics, 1989a, 25(1): 95 – 125.

BURTON-ROBERTS, N. The limits to debate: A revised theory of semantic presupposition[M]. New York: Cambridge University Press, 1989b.

BURTON-ROBERTS, N. Presupposition-cancellation and metalinguistic negation: A reply to Carston[J]. Journal of Linguistics, 1999, 35(2): 347 – 364.

CAFFI, C. On mitigation[J]. Journal of Pragmatics, 1999, 31(7): 881 – 909.

CAFFI, C. Mitigation[M]. Amsterdam: Elsevier, 2007.

CARSTON, R. Metalinguistic negation and echoic use[J]. Journal of Pragmatics, 1996, 25(3): 309 – 330.

CARSTON, R. Negation, 'presupposition' and the semantics / pragmatics distinction [J]. Journal of Linguistics, 1998, 34(2): 309 – 350.

CARSTON, R. Negation, 'presupposition' and metarepresentation: A response to Noel Burton-Roberts[J]. Journal of Linguistics, 1999, 35(2): 365 – 389.

CARSTON, R. & NOH, E. -J. A truth-funcitonal account of metalinguistic negation, with evidence from Korea[J]. Language Science, 1996, 18(1-2): 485-504.

CHAPMAN, S. Some observations on metalinguistic negation [J]. Journal of Linguistics, 1996, 32(2): 387-402.

CHOI, S. Some aspects of negation in Korean[D]. New Haven: Yale University, MS. 1983.

CHOI, S. Explanations of negation in Korean [J]. Harvard Studies in Korean Linguistics, 1985: 124-134.

CLAUDE, M. Expliquer "NE" explétif ou "Il s'en faut de beaucoup que je ne sois convaincu"[J]. Linguisticae investigationes: Revue internationale de linguistique française et de linguistique générale, 1994, 18(1): 187-195

CORBLIN, F. Multiple negation processing [C]. Edinburgh: HCRC Publications, University of Edinburgh, 1994.

CORBLIN, F. & TOVENA, L. M. On the multiple expression of negation in Romance [J]. Amsterdam Studies in the Theory and History of Linguistic Science Series, 2001(4): 87-116.

CORNULIER, B. D. Sur une règle de déplacement de la négation[J]. Le français Moderne, 1973, 41: 43-57.

DAMOURETTE, J. & PICHON, E. Des mots à la pensée. Essai de grammaire de la langue française[M]. Paris: D'Artrey, 1911-1940.

D'AVIS, F. J. On the interpretation of wh-clauses in exclamative environments[J]. Theoretical Linguistics, 2002, 28(1): 5-31.

DELFITTO, D. Negation as a low scope-marker in German bevor-clauses[J]. Lingue e Linguaggio, 2013, 12(1): 73-88.

DELFITTO, D. & FIORIN, G. Negation in exclamatives[J]. Studia Linguistica, 2014, 68(3), 284-327.

DE SWART, H. Expression and interpretation of negation: An OT typology (Vol. 77) [M]. Dordrecht: Springer Science & Business Media, 2009.

DE SWART, H. & SAG, I. A. Negation and negative concord in Romance[J]. Linguistics and Philosophy, 2002, 25(4): 373-417.

DOWTY, D. Resumptive negation as assertion revision[EB / OL]. [2016-10-01].

http://www.ling.ohio-state.edu/~dowty.1/resumptive-negation.pdf

DUCROT, O. Dire et ne pas dire: Principes de sémantique linguistique[M]. Paris: Hermann, 1972.

DUCROT, O. , BARBAUL, M-C. & DEPRESLE J. La Preuve et le dire: Langage et logique[M]. Paris: Mame, 1973.

DUCROT, O. Les lois de discours[J]. Langue Française, 1979, 42: 21 – 33.

DUCROT, O. Le dire et le dit[M]. Paris: Les Editions de Minuit, 1984.

DUCROT, O. Quelques raisons de distinguer «locuteurs» et «énonciateurs»[J]. Les Polyphonistes scandinaves / De Skandinaviske polyfonister. 2001, 3: 19 – 41.

ERNST, T. Negation in Mandarin Chinese[J]. Natural Language & Linguistic Theory, 1995, 13(4): 665 – 707.

ESPINAL, M. T. Expletive negation, negative concord and feature checking[C]. Catalan Working Papers in Linguistics, 2000, 8: 47 – 69.

ESPINAL, M. T. Licensing expletive negation and negative concord in Catalan and Spanish[M]// FLORICIC, F. La négation dans les langues romanes. Amsterdam: John Benjamins, 2007: 49 – 74.

FAUCONNIER, G. & Turner, M. Polysemy and conceptual blending[J]. Trends in Linguistics Studies and Monographs, 2003, 142: 79 – 94.

FILLMORE, C. J. Scenes-and-frames semantics[J]. Linguistic Structures Processing, 1977, 59: 55 – 88.

GAATONE, D. Étude descriptive du système de la négation en français contemporain (Vol. 114)[M]. Genève: Librairie Droz, 1971.

GAJEWSKI, J. R. NEG-raising: Polarity and presupposition [D]. Cambridge: Massachusetts Institute of Technology, 2005.

GEURTS, B. The mechanisms of denial[J]. Language, 1998, 74(2): 274 – 307.

GIANNAKIDOU, A. Polarity sensitivity as (non)veridical dependency (Vol. 23)[M]. Amsterdam: John Benjamins, 1998.

GIANNAKIDOU, A. Affective dependencies[J]. Linguistics and Philosophy, 1999, 22 (4): 367 – 421.

GIANNAKIDOU, A. Negative... concord? [J]. Natural Language & Linguistic Theory, 2000, 18(3): 457 – 523.

GIANNAKIDOU, A. , MAIENBORN, C. , VON HEUSINGER, K. & PORTNER, P. Negative and positive polarity items[J]. Semantics — Sentence and Information Structure, 2019: 69 – 134.

GIANNAKIDOU, A. & ZEIJLSTRA, H. The landscape of negative dependencies: Negative concord and n-words[J]. The Wiley Blackwell Companion to Syntax, 2017: 1 – 38.

GIORA, R. On irony and negation[J]. Discourse Processes, 1995, 19(2): 239 – 264.

GIORA, R. , FEIN, O. & SCHWARTZ, T. Irony: Graded salience and indirect negation[J]. Metaphor and Symbol, 1998, 13(2): 83 – 101.

GREENBURG, D. How to be a Jewish Mother[M]. Los Angeles: Price Stern Sloan, 1964.

GRICE, H. P. Logic and Conversation[M]// COLE, P & MORGAN, J. L. Syntax and Semantics Vol 3: Speech Acts. New York: Academic Press, 1975: 41 – 58.

GRICE, H. P. Studies in the way of words[M]. Cambridge, MA: Harvard University Press, 1989.

HABERT, B. Enonciation et argumentation: Oswald Ducrot[J]. Mots, Num 5, En hommage à Robert-Léon Wagner, 1982: 203 – 218.

HOPPER, P. Emergent grammar[C]// Annual meeting of the Berkeley Linguistics Society (Vol. 13), 1987: 139 – 157.

HORN, L. R. Remarks on neg-raising[M]// COLE, P. Syntax and Semantics 9: Pragmatics. New York: Academic Press, 1978a: 129 – 220.

HORN, L. R. Some aspects of negation[J]. Universals of Human Language 4, 1978b: 127 – 210.

HORN, L. R. A new taxonomy for pragmatic inference: Q-based and R-based implicature[M]// SCHIFFRIN, D. Meaning, form and use in context (GURT '84). Washington: Georgetown University Press, 1984: 11 – 42.

HORN, L. R. Metalinguistic negation and pragmatic ambiguity[J]. Language, 1985, 61(1), 121 – 174.

HORN, L. R. A natural history of negation[M]. Chicago: University of Chicago Press, 1989.

HORN, L. R. A natural history of negation (2nd edition) [M]. Stanford: CSLI Publications, 2001.

HORN, L. R. Hypernegation, hyponegation, and parole violations[C]// KWON, I., PRITCHETT, H. & SPENCE, J. Proceedings of the 35th meeting of the Berkeley Linguistics Society. Berkeley: Berkeley Linguistics Society, 2009: 403 – 423.

HORN, L. R. Multiple negation in English and other languages[M]// HORN, L. R. The expression of negation. Berlin: De Gruyter, 2010: 111 – 148.

HORN, L. R. Negation and opposition: Contradiction and contrariety in logic and language[M]// DÉPREZ, V. & ESPINAL, M. T. The Oxford handbook of negation, 1 – 25. Oxford: Oxford University Press, 2020.

HUANG, C. -T. JAMES. "Wo pao de kuai" and Chinese phrase structure [J]. Language, 1988, 64(2): 274 – 311.

INKOVA, O. La négation explétive: Un regard d'ailleurs[J]. Cahiers Ferdinand de Saussure, 2006, 59: 107 – 129.

JESPERSEN, O. The philosophy of grammar[M]. London: George Allen & Unwin, 1924.

KIPARSKY, P. & KIPARSKY, C. Fact[M]// BIERWISCH, M. & HEIDOLPH, K. E. Progress in Linguistics. The Hague: Mouton, 1970: 143 – 147.

KLIMA, E. Negation in English[M]// J. Fodor & J. Katz. The Structure of Language, New Jersey: Prentice – Hall, 1964.

KRIFKA, M. How to interpret "expletive" negation under bevor in German [M]. Hanneforth, T. & Fanselow, G. Language and logos: Festschrift for Peter Staudacher on his 70th birthday. Berlin: De Gruyeter, 2010: 214 – 236.

KUNO, S. Functional syntax [M]// MORAVCSIK, E. & WIRTH, J. Syntax and semantics, Volume 13: Current approaches to syntax. New York: Academic Press, 1980: 117 – 136.

LAKOFF, G. Women, fire, and dangerous things[M]. Chicago: University of Chicago Press, 1987.

LEVINSON, S. C. Presumptive meanings: The theory of generalized conversational implicature[M]. Cambridge: MIT Press, 2000.

LINDHOLM, J. M. Negative-raising and sentence pronominalization[C]// Proceedings

CLS. 1969, 5(1): 148 - 158.

MAKRI, M. M. Expletive negation beyond romance: Clausal complementation and epistemic modality[D]. York: University of York, 2013.

MARMARIDOU, S. S. Pragmatic meaning and cognition[M]. Amsterdam: John Benjamins, 2000.

MARTIN, R. Langage et croyance[M]. Bruxelles: Pierre Mardaga, 1987.

MCCAWLEY, J. Contrastive negation and metalinguistic negation[C]// Proceedings of CLS 27: The parasession on negation, 1991: 189 - 206.

MERCIER, H. & SPERBER, D. Why do humans reason? Arguments for an argumentative theory[J]. Behavioral and Brain Sciences, 2011, 34(2): 57 - 74.

MOESCHLER, J. Une, deux ou trois négations? [J]. Langue Française, 1991, 94 (1): 8 - 25.

MOESCHLER, J. The pragmatic aspects of linguistic negation: Speech act, argumentation and pragmatic inference[J]. Argumentation, 1992, 6(1): 51 - 76.

MOESCHLER, J. La négation comme expression procédurale[M]// FORGET, D. , HIRSCHBÜHLER, P. , MARTINEAU, F. & RIVERO, M. -L. Negation and polarity: Syntax and semantics. Amsterdam: John Benjamins, 1997: 231 - 249.

MOESCHLER, J. Linguistique et pragmatique cognitive: L'exemple de la référence temporelle[J]. Le gré des Langues, 1999, 15: 10 - 33.

MOESCHLER, J. Speech act theory and the analysis of conversation[M]// VANDERVEKEN, D. & KUBO, S. Essays in speech act theory (vol. 77). Amsterdam: John Benjamins, 2001: 239 - 262.

MOESCHLER, J. Négation, polarité, asymétrie et événements[J]. Langages, 2006, 162: 90 - 106.

MOESCHLER, J. Causalité et argumentation: l'exemple de parce que[J]. Nouveaux Cahiers de Linguistique Française, 2009, 29: 117 - 148.

MOESCHLER, J. Négation, scope and the descriptive/ metalinguistic distinction[J]. Generative Grammer in Geneva, 2010, 6: 29 - 48.

MOESCHLER, J. Pourquoi le sens est-il structuré? Une approche vériconditionnelle de la signification linguistique et du sens pragmatique[J]. Nouveaux Cahiers de

Linguistique Française, 2012, 30: 53 – 71.

MOESCHLER, J. How 'logical' are logical words? Negation and its descriptive vs. metalinguistic uses[M]// TABOADA, M. & TRNAVAC, R. Nonveridicality and evaluation: Theoretical, computational and corpus approaches. Leiden: Brill, 2013: 76 – 110.

MOESCHLER, J. Qu'y a-t-il de représentationnel dans la négation métalinguistique? [J]. Cahiers de Linguistique Française, 2015, 32: 11 – 26.

MOESCHLER, J. How speaker meaning, explicature and implicature work together [M]// GIORA, R. & HAUGH, M. Doing pragmatics interculturally: Cognitive, philosophical and sociopragmatic perspectives. Berlin: Mouton de Gruyter, 2017: 215 – 232.

MOESCHLER, J. Representation and metarepresentation in negation[M]// SCOTT, K., CLARK, B. & CARSTON, R. Relevance theory and cognitive communicative. Cambridge: Cambridge University Press, 2019: 80 – 92.

MOESCHLER, J. Negative predicates: Incorporated negation[M]// Déprez, V. & Espinal, M. T. The Oxford Handbook of Negation. New York: Oxford University Press, 2020a: 26 – 46.

MOESCHLER, J. Pourquoi le langage?: Des intuts à Google[M]. Paris: Armand Colin, 2020b.

MOESCHLER, J. Why language?: What pragmatics tells us about language and communication[M]. Berlin: De Gruyter Mouton, 2021.

MORGAN, J. L. Two types of convention in indirect speech acts[M]// COLE, P., Pragmatics. Leiden: Brill, 1978: 261 – 280.

MUGHAZY, M. Metalinguistic negation and truth functions: The case of Egyptian Arabic[J]. Journal of Pragmatics, 2003, 35(8): 1143 – 1160.

MULLER, C. La négation explétive dans les constructions complétives[J]. Langue Française, 1978, 39: 76 – 103.

MULLER, C. L'association négative[J]. Langue Française, 1984(62): 59 – 94.

MULLER, C. La négation en français[M]. Genève: Librairie Droz, 1991.

MULLER, C. Expliquer ne explétif ou: Il s'en faut de beaucoup que je ne sois convaincu[J]. Lingvisticae Investigationes, 1994, 18(1): 187 – 196.

NOH, E. -J. The semantics and pragmatics of metarepresentation in English: A relevance-theoretic approach[D]. London: University College London, 1998.

OVALLE, L. A. & GUERZONI, E. Double negatives, negative concord and metalinguistic negation[C]// Proceedings of CLS, 2004, 38(1): 15 - 31.

PEYRAUBE, A. Les "approximatifs" chinois: Chàbùduō, jīhū, chàyìdiǎnr[J]. Cahiers de Linguistique — Asie Orientale, 1979, 6(1): 49 - 62.

PORTNER, P. & ZANUTTINI, R. The force of negation in wh exclamatives and interrogatives[M]// HORN, L. R. & KATO, Y. Negation and polarity: Syntactic and semantic perspectives. Oxford: Oxford University Press, 2000: 201 - 239.

PRINCE, E. F. The syntax and semantics of neg-raising, with evidence from French [J]. Language, 1976(52): 404 - 426.

PUSKÁS, G. Licensing double negation in NC and non-NC languages[J]. Natural Language Linguistic Theory, 2012, 30(2): 611 - 649.

QIU, H. -Y. La négation "explétive" en chinois[J]. Cahiers de Linguistique — Asie Orientale, 1998, 27(1): 3 - 50.

RAN, Y. The metapragmatic negation as a rapport-oriented mitigating device[J]. Journal of Pragmatics, 2013, 48(1): 98 - 111.

ROGUSKA, M. Exklamation und negation[D]. Mainz: Johannes Gutenberg-Universität Mainz, 2007.

SAPIR, E. Grading, a study in semantics[J]. Philosophy of Science, 1944, 11(2): 93 - 116.

SAUSSURE, L. D. Quelle réalité derrière l'hypothèse polyphonique? [M]// BEGIO-NI, L. & MULLER, C. Mélanges André Rousseau. Lille: Editions du Conseil scientifique de l'Université Charles de Gaule Lille-3, 2006a: 335 - 350.

SAUSSURE, L. D. Implicatures et métareprésentations en contexte de presse écrite [J]. Revue Tranel (Travaux neuchâtelois de linguistique), 2006b, 44: 57 - 75.

SCHLÖDER, J. J. & FERNÁNDEZ, R. Pragmatic rejection[C]// Proceedings of the 11th International Conference on Computational Semantics, 2015: 250 - 260.

SEARLE, J. R. & VANDERVEKEN, D. Foundations of illocutionary logic [M]. Cambridge: Cambridge University Press, 1985.

SHEINTUCH, G. & WISE, K. On the pragmatic unity of the rules of neg-raising and neg-attraction[M]//MUFWENE, S. S. , WALKER, C. A. & STEEVER, S. B. Papers from the Twelfth Regional Meeting of the Chicago Linguistic Society. Chicago: University of Chicago Press, 1976.

SIGWART, C. Logic (Vol. 2)[M]. London: S. Sonnenschein & Company, 1895.

SPERBER, D. Metarepresentations: A multidisciplinary perspective [M]. Oxford: Oxford University Press, 2000.

SPERBER, D. & WILSON, D. Irony and the use-mention distinction[M]//COLE, P. Radical pragmatics. New York: Academic Press, 1981: 295 – 318.

SPERBER, D. & WILSON, D. Relevance: Communication and cognition[M]. Oxford: Blackwell, 1995.

SPERBER, D. & WILSON, D. Irony and relevance: A reply to Drs Seto, Hamamoto. and Yamanashi [M]//CARSTON, R. & UCHIDA, S. Relevance theory: Applications and implications. Amsterdam: John Benjamins, 1998: 283 – 294.

SPERBER, D. & WILSON, D. Pragmatics, modularity and mind-reading[J]. Mind & Language, 2002, 17(1 – 2): 3 – 23.

SPERBER, D. & WILSON, D. Relevance theory[M]//Horn, L. & Ward, G. The handbook of pragmatics. Oxford: Wiley-Blackwell, 2004: 607 – 643.

STAUF, I. Recherches sur ne redundant (IX-XVIIe siècles)[M]. Paris: Rousseau & cie, 1927.

SUN, F. A constructive study of English and Chinese double negation[J]. Theory and Practice in Language Studies, 2011, 1(10): 1442 – 1445.

SWEETSER, E. From etymology to pragmatics: Metaphorical and cultural aspects of semantic structure (Vol. 54) [M]. Cambridge: Cambridge University Press, 1990.

TENG, S. -H. Negation in Chinese[J]. Journal of the American Oriental Society. 1978 (98), 50 – 61.

TOVENA, L. , DÉPREZ, V. & JAYEZ, J. Polarity sensitive items[M]//CORBLIN, F. & DE SWART, H. Handbook of French semantics. Stanford: CSLI Publications, 2004: 403 – 411.

VAN DER AUWERA, J. Quirky negative concord: Croatian, Spanish and French ni's [J]. Jezikoslovlje, 2021, 22(2): 195 – 225.

VAN DER AUWERA, J. & DE LISSER, T. N. Negative concord in Jamaican[J]. Ampersand, 2019, 6: 1 - 15.

VAN DER AUWERA, J. & KOOHKAN, S. Extending the typology: Negative concord and connective negation in Persian[J]. Linguistic Typology at the Crossroads, 2022, 2(1): 1 - 36.

VAN DER AUWERA, J., NOMACHI, M., KRASNOUKHOVA, O., ARKADIEV, P., PAKERYS, J., ŠEŠKAUSKIENĖ, I. & ŽEIMANTIENĖ, V. Connective negation and negative concord in Balto-Slavic[J]. Vilnius University Open Series, 2021: 45 - 66.

VAN DER AUWERA, J. & VAN ALSENOY, L. On the typology of negative concord [J]. Studies in Language. International Journal sponsored by the Foundation 'Foundations of Language', 2016, 40(3): 473 - 512.

VAN DER AUWERA, J. & VAN ALSENOY, L. More ado about nothing: On the typology of negative indefinites[M]// TURNER, K. & HORN, L. R. Pragmatics, truth and underspecification: Towards an atlas of meaning. Leiden: Brill, 2018: 107 - 146.

VAN DER SANDT, R. Denial[C]// Proceedings of CLS 27: The parasession on negation, 1991: 331 - 344.

VAN DER SANDT, R. Denial and presupposition[M]// KÜHNLEIN, P., RIESER, H. & ZEEVAT, H. Perspectives on dialogue in the new millennium (Vol 114). Amsterdam: John Benjamins, 2003: 59 - 78.

VAN DER WOUDEN, T. Polarity and 'illogical negation'[J]. Dynamics, Polarity and Quantification, 1994, 17: 16 - 45.

VAN DER WOUDEN, T. & ZWARTS, F. A semantic analysis of negative concord [C]// Lahiri, U. & Wyner, A. Z. Proceedings of SALT, 1993 (3): 202 - 219.

WIBLE, D. & CHEN, E. Linguistic limits on metalinguistic negation: Evidence from Mandarin and English[J]. Language and Linguistics, 2000, 1(2): 233 - 255.

WILSON, D. The pragmatics of verbal irony: Echo or pretense? [J] Lingua, 2006 (10): 1722 - 1743.

WILSON, D. & SPERBER, D. Meaning and relevance [M]. Cambridge: Cambridge University Press, 2012.

XIAO, R. Z. & MCENERY, A. M. Negation in Chinese: A corpus-based study[J]. Journal of Chinese Linguistics, 2008, 36(2): 274 – 330.

YANG, H. Is Chinese a negative concord language? [C]// Zhuo, J. -S. Proceedings of the 23rd North American Conference on Chinese Lingusitics (NACCL-23), Volume 2. Eugene: University of Oregon, 2011: 208 – 223.

YEH, L. -H. Focus, metalinguistic negation and contrastive negation[J]. Journal of Chinese Linguistics, 1995, 23(2): 42 – 75.

YOON, H. -J. Negation and NPI[C]// KIM, Y. -S. et al. Explorations in generative grammar. Souel: Hankuk Publishing CO. , 1994.

YOON, S. 'Not' in the mood: The syntax, semantics, and pragmatics of evaluative negation[D]. Chicago: University of Chicago, 2011.

YOON, S. Rhetorical comparatives: Polarity items, expletive negation, and subjunctive mood[J]. Journal of Pragmatics, 2011, 43(7): 2012 – 2033.

YUS, F. On reaching the intended ironic interpretation[J]. International Journal of Communication, 2000a, 10(1 – 2): 27 – 78.

YUS, F. Literal/nonliteral and the processing of verbal irony[J]. Pragmalingüística, 2000b (8 – 9): 349 – 374.

ZANUTTINI, R. & PORTNER, P. The characterization of exclamative clauses in Paduan[J]. Language, 2000, 76(1): 123 – 132.

ZOVKO DINKOVIĆ, I. & ILC, G. Pleonastic negation from a cross-linguistic perspective[J]. Jezikoslovlje, 2017, 18(1): 159 – 180.

ZUFFEREY, S. Connecteurs pragmatiques et métareprésentation: L'exemple de parce que[J]. Nouveaux Cahiers de Linguistique Française, 2006, 27: 161 – 179.

ZUFFEREY, S. Lexical pragmatics and theory of mind: The acquisition of connectives (Vol. 201)[M]. Amsterdam: John Benjamins, 2010.

ZUFFEREY, S. & MOESCHLER, J. Initiation à l'étude du sens: Sémantique et pragmatique[M]. Auxerre: Sciences Humaines, 2012.

ZUO, B. Négation et négation explétive en chinois: Le cas de chadian mei[J]. Cahiers de Linguistique Française, 2015, 32: 149 – 163.

ZUO, B. L'analyse sur la négation explétive en chinois-mandarin à travers sa comparaison avec le français[J]. Asiatische Studien, 2017a, 72(1): 117 – 135.

ZUO, B. L'ambiguïté de la négation et la marque de la négation métalinguistique[J]. Generative Grammar in Geneva, 2017b, 10: 45 – 60.

ZUO, B. Différentes natures des marques négatives redondante en chinois mandarin [J]. Cahiers de Linguistique — Asie Orientale, 2018, 1: 125 – 149.

ZUO, B. La négation et ses emplois spéciaux en chinois mandarin: Négation explétive, métaconceptuelle, métalinguistique et double négation [M]. New York: Peter Lang, 2020.

ZWARTS, F. Three types of polarity[M]//Hamm, F. & Hinrichs, E. W. Plurality and quantification. Dordrecht: Kluwer, 1993: 177 – 238.

致谢

本书的出版得到了华东师范大学学术著作出版基金的资助，衷心感谢评审专家对青年学者的认可和鼓励，感谢华东师范大学出版社的大力支持！

否定研究是我一直以来的兴趣所在，撰写本书时，我一直在思考如何结合自己的前期研究与国内外研究的最新进展，形成有意义的研究成果。我的博士论文导师 Jacques Moeschler 教授很关心我的研究进展，给了我不少有益的启发，在此向他表示由衷的感谢。

德国蒂宾根大学的 Elena Albu 老师是研究否定的出色学者，从我踏入否定研究的领域起，她就一直主动与我分享她的见解，给了我很多中肯的建议，非常感谢她的无私帮助！

学术研究并不总是顺利的，在无法突破瓶颈的时刻，我也曾感到迷茫，甚至产生过自我怀疑。幸运的是，很多同事和朋友鼓励我、帮助我，提醒我不可妄自菲薄，也让我意识到自己不是在孤军奋战。在此，感谢所有给我信心的同事和朋友们！

1sg：一人称单数

1pl：一人称复数

3sg：三人称单数

3pl：三人称复数

ART：冠词

COMP：补语

COND：条件式

Conj.：连词

DC：陈述标记

FUT：将来时态

NEG：否定标记

NOM：名词化标记

NPI：否定极项

IN：陈述语气

P.：介词

PAST：过去时态

TOP：主题